Johann Nepomuk Ingerle

Wanderung durch das Königreich Bayern

ein geographisches und geschichtliches Bild unseres Vaterlandes für Schulen und Vaterlandsfreunde

Johann Nepomuk Ingerle

Wanderung durch das Königreich Bayern

ein geographisches und geschichtliches Bild unseres Vaterlandes für Schulen und Vaterlandsfreunde

ISBN/EAN: 9783743485419

Hergestellt in Europa, USA, Kanada, Australien, Japan

Cover: Foto ©ninafisch / pixelio.de

Weitere Bücher finden Sie auf **www.hansebooks.com**

Wanderung

durch das

Königreich Bayern.

Ein geographisches und geschichtliches Bild

unseres Vaterlandes

für

Schulen und Vaterlandsfreunde.

Von

Joh. Nep. Ingerle,

Lehrer in München.

München.

Verlag von E. A. Fleischmann's Buchhandlung.

1861.

Vorwort.

Liebe zum Vaterlande, Liebe zum Landesfürsten, Liebe zu edlen Handlungen — das ist das Ziel, welches durch den Geographie- und Geschichtsunterricht erreicht werden soll. Durch die so häufig angewendete Methode, Geographie und Geschichte den Schülern abschnittweise ins Gedächtniß zu pressen, um die oft blätterlangen Paragraphe gelegenheitlich wörtlich herableiern, oder ganze Reihen von Städten, Bergen ꝛc. nach Nummern heruntersagen zu lassen, wurde obiges Ziel nicht nur gänzlich verfehlt, sondern in dem durch das unsinnige Auswendiglernen geplagten Kinde meistens eine wahre Scheue, wenn nicht gar ein Abscheu gegen die genannten Gegenstände erregt.

Die Erfahrung hat gelehrt, welch unglaubliche und traurige Unwissenheit das mechanische Auswendiglernen zur Folge hat; man ist darum von der Gedächtnißtortur abgegangen und hat es versucht, den Kindern in gemüthlicher Weise, langsam die schönen Gefilde unserer heimatlichen

Gauen durchwandernd, das Vaterland und die Geschichte desselben kennen zu lernen und der Erfolg ist ein glänzender. Man lese hierüber den Jahresbericht über den Zustand der Schulen in der Haupt- und Residenzstadt München von 1860 Seite XIX. und XX.

Von anerkannt praktischen Schulmännern ermuntert, habe ich es gewagt, in diesem Sinne ein Lesebuch für Schüler und wohl auch für viele der Schule Entwachsene im Drucke erscheinen zu lassen. Möge dieses Büchlein jene freundliche Aufnahme finden, wie sie meinem Erstlingswerke „Franz Bernhold" allenthalben zu Theil wurde. Möge es aber auch dazu beitragen, die Herzen unserer Jugend mit unerschütterlicher Treue und Liebe zu König und Vaterland zu erfüllen und zu entflammen, dann ist meine Arbeit belohnt!

München im November 1860.

Der Verfasser.

Personen-Register.

Adelheid v. Savoyen 101.
Afra hl. 56.
Agilus hl. 38.
Agnes Bernauer 42.
Agnes, Pfalzgräfin, 35.
Alberich 60.
Albert III., der Fromme, 42. 100.
Albert IV., d. Weise, 8. 88. 91.
Albert V., d. Großmüthige, 9.
Albrecht Dürer 169.
Arko, Graf v., 107.
Arnulf I. 115. 136.
Arnulf II., Herzog, 58. 116.
Augustus, Kaiser, 56.
Autharius, König, 37.
Aventin, 63.

Behaim 169.
Bonifazius hl. 39. 137. 160.
Bulzko, König, 54.
Burkhard hl. 160.

Christoph, Herzog, 87.

Deroy, Graf v. 21.
Dobba, Bischof, 121.

Eberhard, Graf v. 55.
Echter Jul., Bischof, 160.
Eckard d. Schyre 72.
Elisabeth, Königin, 81.
Elisabeth v. Niederbayern 88.

Emeram hl. 38.
Eugen v. Savoyen 27.
Eustasius hl. 38.

Felix, Diakon, 56.
Ferdinand II., Kaiser, 11.
Ferdinand Maria 14. 101.
Franz II., deutsch. Kaiser, 135.
Fraunhofer 43.
Friedrich I., Barbarossa, 59. 67. 70. 75.
Friedrich der Schöne 78. 112. 142.
Friedrich, Herzog, 30. 83.
Friedrich II., Kaiser, 80.
Friedrich III., Kaiser, 126.
Friedrich V. v. d. Pfalz 11.
Friedrich VI., Burggraf, 170.
Fugger 57.

Gallus hl. 46.
Garibald I. 37.
Georg d. Reiche 86. 88.
Gluck 140.
Gosbert, Herzog, 159.
Gottfried v. Bouillon 73.
Gregor IX., Papst, 80.
Gregor I. d. Gr., Papst, 37.
Grimoald 77.
Gustav Adolph 13. 31. 57. 89. 128. 157.

Hans Sachs 169.

Haspinger 108.
Hedwig v. Polen 86.
Heinrich I., Herzog, 55.
Heinrich II. d. Heilige 165.
Heinrich XI., Jasomirgott, 68. 75.
Heinrich X., d. Stolze, 40. 67.
Heinrich XII., d. Löwe, 67.
Heinrich XIII. 81. 111.
Heinrich d. Reiche 84.
Heinrich v. Pappenheim 62.
Helena hl. 71.
Hermann d. Cherusker 33.
Hieronymus v. Prag 148.
Hilgegard, Kaiserin, 47.
Hofer 108.
Hoffmann 104.
Horn, General, 122. 129.
Huß Joh. 148.

Innozenz IV., Papst, 80.
Johann, Herzog, 83. 100.
Johann, König v. Böh., 113.
Johann XXII., Papst, 142.
Johann, Pfalzgraf, 149.
Johann Sobiesky 16.
Joseph I., Kaiser, 26.

Karl Albert 48.
Karl Alex., Markgraf, 155. 163. 165.
Karl d. Dicke 136.
Karl d. Gr., 39. 100. 132. 176.
Karl d. Kahle 136.
Karl, Erzherzog, 65. 180.
Karlmann 39.
Karl Theodor 6. 19. 29. 52. 201.
Karl II. v. Span. 105.
Karl VI., Kaiser, 48.
Keppler 36.
Kilian hl. 159.
Kolumban hl. 46.
Konradin 81.
Konrad III., König, 75.
Konrad IV., König, 81.

Korbinian hl. 77.
Kreittmayr, Frhr. v., 50.
Kriechbaum, Gen., 18. 103.
Kunigunde hl. 165.

Lampert 38.
Leo III., Papst, 134.
Leopold, Kaiser, 15. 105.
Ludwig d. Bayer, 8. 78. 81. 98. 112. 142.
Ludwig d. Brandenburger 82.
Ludwig d. Gebartete 30. 122.
Ludwig d. Kelheimer 34. 61. 80. 96. 179.
Ludwig d. Reiche 30. 85. 126.
Ludwig d. Strenge 7. 28. 69. 81. 97.
Ludwig I., König, 23. 64.
Ludwig II. d. Deutsche, 136.
Ludwig IV. d. Kind, 116. 136.
Ludwig I., d. Fromme, 135.
Luitpold, Markgraf, 59. 116.
Luther 9. 94.

Mack, Gen., 108.
Magnus hl. 47.
Margaretha Maultasche 82.
Maria Theresia 48.
Maria v. Brabant 28.
Marie Antonie 15.
Marie, Königin, 24.
Mathias, Kaiser, 11.
Max II., König, 5. 24.
Max I., Kurfürst, 4. 10. 28. 32. 122. 130.
Max Emanuel 15. 26. 105. 193.
Max Jos. I , König, 2. 20. 29. 43. 63. 115. 118.
Max Jos. III., der Allgeliebte, 18. 50. 179.
Max Jos. IV., Kurfürst, 2. 19. 108. 179.
Meindl 103.
Mercy 130.
Moreau, Gen., 20. 32. 180.

Napoleon I. 20. 63. 65. 109. 178.
Narzissus hl. 56.

Obilo 39.
Orlando di Lasso 10.
Otto I., Kaiser, 54.
Otto III., d. Gr., 59. 70.
Otto III., Pfalzgraf, 58.
Otto IV., d. Erlauchte, 35. 80.
Otto V., Herzog, 78.
Otto VIII, Pfalzgraf, 61. 166.
Otto, König v. Griechenland, 109.
Ottokar v. Böhmen 111.

Peter v. Amiens 72.
Philipp, Kaiser, 61. 166.
Pipin 39.
Pirkheimer 169.
Pirminius hl. 183.
Plinganser 103.

Richard Löwenherz 75. 181.
Rindsmaul 114.
Rudolph, Kaiser, 11.
Rupert hl. 38. 90. 115.
Rupert v. d. Pfalz 88. 122.

Sandrart 169.
Schwanthaler Ludw. v. 66.
Schweppermann 113.
Sebaldus hl. 168.
Seckendorf, Gen., 49.
Senefelder 136.
Severin hl. 44.
Sigmund, Herzog, 8. 100.
Speckbacher 108.

Stephan II. mit der Hafte 30. 82.
Stephan III. 30. 83.

Tallard, Gen., 27.
Thassilo II. 32. 39. 89. 120.
Theodolinde 37.
Theodo I. 38.
Theodo II. 38. 77.
Theodor hl. 47.
Thurmayr 63.
Tilly 12. 31.
Torstensohn, Gen., 53.
Trenk, Gen., 147.
Turenne, Gen., 130.

Ulrich hl. 54.
Urban II., Papst, 72.

Vischer Pet. 168.

Wallenstein 128.
Welf I. 74.
Welf III. 75.
Welser 57.
Werth v., Gen., 130.
Wilhelm III. 100.
Wilhelm IV., d. Standhafte, 9. 95.
Wilhelm V., d. Fromme, 10.
Willibald hl. 137.
Wrangel, Gen., 130. 131.
Wrede 178.

Ziska Joh. 148.
Zwach v. 18.
Zwentibald 115.

Register.

Aachen Fl. 125.
Abbach 35. 62.
Abensberg 62.
Abens Fl. 62.
Ach Fl. 99.
Achen Fl. 120.
Achselmannstein 124.
Abelholzen 121. 191.
Ablerstein 172.
Aibling 120. 190.
Aichach 58.
Aidenbach 104.
Aisch 174.
Aitrang 176.
Alben Fl. 122.
Alexandersbad 187.
Allersheim 130.
Alpenkette 25. 45.
Alpsee 46. 52. 196.
Alpspitze 91.
Alsenz Fl. 184.
Altdorf 167.
Altenburg 166.
Altmühl 131.
Alt-Oetting 15. 114.

Alz Fl. 120.
Amberg 19. 141. 195.
Ammer 93.
Ammersee 96.
Ampfing 8. 112.
Andechs 96.
Annweiler 181.
Ansbach 163. 198.
Anzing 18.
Arber 140. 147.
Arber-See 147.
Ascha Fl. 145.
Aschaffenburg 162. 200.
Attel 110.
Au, Vorstadt, 4. 25.
Augsburg 33. 54. 56. 192. 195.

Babenburg 166.
Baiersdorf 165. 198.
Baireuth 155. 199.
Bamberg 33. 61. 165. 198.
Banz 156.
Barbing 68.
Bärnau 140.

Bartholomäus-See 123.
Bayer-Dießen 96.
Beilngries 137.
Benediktbeuren 39. 92.
Benediktenwand 66. 92.
Berching 138.
Berchtesgaden 123.
Berg, k. Schloß, 100.
Bergen 191.
Berg-Rheinfeld 200.
Bernau 191.
Berneck 156.
Betzigau 196.
Beuerberg 92.
Berbach 201.
Bießenhofen 196.
Bisthümer 22. 39.
Blies Fl. 185.
Blindheim 27.
Blutenburg 100.
Bobingen 196.
Bocklet 176.
Bobensee 152.
Bobenwöhr 195.
Bogen 44.
Böhmerwald 139.
Brannenburg 110. 191.
Brecherspitze 119.
Brenz Fl. 126.
Bruck 97.
Brückenau 178.
Buchloe 196.
Burgau 197.
Burghausen 122.
Burgkunbstadt 156. 199.
Burglengenfeld 141.

Cham 147. 195.
Chamb Fl. 147.
Chiemsee 120. 191.
Consistorien 23.
Constitution 22.
Cronach 175.
Culmbach 156. 199.

Dachau 98.
Dachauermoos 98.
Deggendorf 44.
Deidesheim 182.
Dettelbach 158.
Dettenheim 132.
Dettingen 200.
Diebdorf 197.
Dietfurt 137.
Dillingen 26.
Dingolfing 34. 89.
Dinkelsbühl 127.
Donau 25.
Donaumoos 29.
Donauwörth 11. 27. 31. 126. 198.
Donnersberg 180.
Dreisesselberg 140.
Dürkheim 184.

Ebelsbach 199.
Ebenhausen 66.
Ebermannstadt 174.
Eckmühl 41. 65.
Ebenkoben 201.
Ebesheim 201.
Eger 128. 187.
Egern 119.
Eggenfelben 120.
Eibelstadt 158.
Eibsee 91.
Eichstädt 137.
Eintheilung 3.
Einwohner 2.
Eisenbahnnetz 189.
Eiskapelle 123.
Elbe 186.
Ellersdorf 198.
Ellingen 164.
Eltmann 157.
Endorf 191.
Engelhardsberg 172.
Erbach 185.

Erbfolgekrieg Landsh. 88.
„ „ östr. 48.
„ „ span. 26. 105.
Erbing 101. 131.
Eremitage 155.
Ergoldsbach 193.
Erlangen 165. 198.
Erzbisthümer 22.
Ettal 93.
Ettaler Mannl 93.
Etzelwang 195.

Falkenstein 184.
Feuchtwangen 127.
Fichtelgebirg 139.
Fichtelnaab 139.
Forchheim 165. 198.
Forst 182.
Förstershöhle 171.
Frankenthal 200.
Fränkische Höhe 127.
Frauen-Chiemsee 39. 120.
Freising 13. 76. 131. 193.
Friedberg 58. 192.
Fulda 186.
Fürstenfeld 28. 97.
Furth 147. 195.
Fürth 164. 198.
Füßen 48.

Gaibach 158.
Gailenreuth 172.
Gammelsdorf 78.
Garmisch 91.
Gauting 192.
Geiersberg 161.
Geiselhöring 194.
Geisloch, Höhle, 167.
Gemünden 200. 161.
Georgensgemünd 164.
Germersheim 182.
Gersthofen 197.
Gessertshausen 197.

Giengen 126.
Giesing, Vorstadt, 4. 25.
Glan Fl. 185.
Glashütten 146.
Gmund 119.
Göll b. h. 123.
Gößweinstein 172.
Graben 132.
Grafenau 150.
Gräfendorf 177.
Gränzen 3.
Großaitingen 196.
Größe 2.
Grünten 46.
Grünwald 66.
Gundelfingen 126.
Günz 47.
Günzach 196.
Gunzenhausen 132. 198

Hafnerzell 45.
Hahnenkamm 127.
Haidhausen, Vorst., 4. 25.
Haidnaab 140.
Hals 150.
Hammelburg 177.
Happurg 195.
Harburg 128. 198.
Hardtgebirge 180.
Haspelmoor 192.
Haßberge 176.
Haßfurt 157. 199.
Hauptstuhl 201.
Heilbrunn 92.
Heimgarten 91.
Helfendorf 38.
Hergaz 196.
Herrieden 132.
Herrn-Chiemsee 39. 120.
Hersbruck 167. 195.
Hesselberg 128.
Hesselohe 189.
Hilpersried 148.
Hintersee 124.

Hirschberg 119.
Hochgern 121.
Hochplatt 93.
Hochriß 110.
Höchstädt 17. 26.
Hochvogel 46.
Hof 187. 199.
Hoheneifer 46.
Hohenlinden 20.
Hohenschwangau 52.
Hohenstein 167.
Hollebau 62.
Hollfeld 171.
Holzen 197.
Holzkirchen 189.
Homburg 161. 201.

Jachen 90.
Jachenau 90.
Jägerkamm 119.
Jettingen 197.
Iller 26. 45.
Ilm 62.
Ilz 150.
Ilzstadt 150.
Immenstadt 46. 196.
Ingolstadt 11. 19. 30.
Inn 105.
Inningen 196.
Irlbach 149.
Isar 25. 65. 90.
Isareck 78. 193.
Isenach 184.

Mainzerbad 91.
Kaiserklause 119.
Kaiserslautern 185. 201.
Kalmünz 141.
Kampenwand 121.
Karlstein 125.
Karlsgraben 132.
Karlstadt 161. 200.
Karwendelgebirg 65.

Kaufbeuren 58. 196.
Kelheim 32.
Kempten 33. 46. 196.
Kesselberg 92.
Kiefersfelden 191.
Kinzig Fl. 178.
Kissingen 176.
Kitzingen 158.
Klingenberg 162.
Klöster 39.
Kochel 91.
Kochelsee 91.
Königshofen 176.
Königssee 123.
Kössein 139.
Kötzting 147.
Kranzhorn 110.
Krautinsel 120.
Kreuth 118.
Kreuzberg 177.
Kreuzspitze 93.
Kreuzzüge 71.
Krotenkopf 91.
Kulm, b. rauhe, 141.
Kulmbach 156. 199.

Laber, d. gr., Fl. 65.
Laber, d. kl., 193.
Laberweinting 193.
Landau a. d. J. 34. 78. 89.
Landau, Festung, 181. 201.
Landsberg 53.
Landshut 34. 79. 131. 193.
Landstuhl 201.
Länggries 66.
Lauf 195.
Laufach 200.
Laufen 122. 167.
Lauingen 26.
Lauter Fl. 181.
Lautereken 185.
Lech 47. 61.
Lechfeld 54.
Leipheim 197.

Leutershausen 132.
Lichtenau 164.
Lichtenberg 187.
Lichtenfels 156. 199.
Liga 29.
Lindau 153. 197.
Lohr 161. 200.
Loisach 90.
Loisachkanal 92.
Ludwigsbad 157.
Ludwigsgrotte 171.
Ludwigshafen 200.
Ludwigshöhe 201.
Ludwigskanal 138.
Luisenburg 187.
Lusen 140.

Mäbelegabel 46.
Mabenburg 181.
Main 154.
Main, rother, 155.
Main, weißer, 156.
Maisach 192.
Mallersdorf 194.
Mangfall 118.
Mangolbing 194.
Maria Brunn 98.
Maria Eck 192.
Maria Eich 100.
Marienberg 159.
Mark, Schloß, 197.
Marktbreit 158.
Martinswand 105.
Marimilianshütte 121. 191.
Meer, b. steinerne, 123.
Mehring 55. 192.
Meitingen 197.
Memmingen 47.
Merkendorf 198
Metten 44.
Miesbach 119. 190.
Miltenberg 162.
Mindel 47.

Mindelheim 47.
Mittenwald 65.
Mittersendling 189.
Moosburg 8. 78. 193.
Moritzberg 168.
Muggendorf 173.
Mühldorf 111.
Mühlthal 100. 192.
Münchberg 199.
München 3. 67. 129. 189.
Murnau 99.
Mutterstadt 201.

Raab 139.
Nabburg 141.
Nahe 184.
Nanhofen 192.
Nankendorf 171.
Natternberg 194.
Neubeuren 110.
Neuburg 29.
Neubeck 174.
Neuenmarkt 199.
Neuessing 137.
Neue Welt 150.
Neufahrn 193.
Neukirchen 195.
Neumarkt a. b. R. 120. 131.
Neumarkt a. b. S. 138.
Neunburg 145.
Neu=Oetting 114.
Neustadt a. b. A. 174.
Neustadt a. b. H. 182. 201.
Neustadt a. b. K. 141.
Neustadt a. b. S. 176.
Neustadt a. b. W. 140.
Neu=Ulm 26. 197.
Nieder=Alteich 39. 44.
Niederlindhard 193.
Nittenau 150.
Nordendorf 197.
Nördlingen 57. 128. 198.
Nürnberg 168. 195. 198.
Nymphenburg 33. 101.

Oberaltaich 39. 44.
Oberammergau 93.
Oberauborf 191.
Obereichstädt 137.
Obergünzburg 196.
Oberkonsistorien 23.
Obernburg 162.
Oberndorf 200.
Obernzell 45.
Oberreitnau 197.
Obersee 123.
Oberstaufen 196.
Oberstborf 46.
Obertraubling 194.
Ochsenfurt 158.
Ochsenkopf 139.
Oggersheim 200.
Ohe, gr. u. kl., 150.
Oettingen 128. 198.
Olching 192.
Oelnitz Fl. 156.
Orb 178.
Ornbau 132.
Ossa 140.
Ostbahnen 193.
Osterhofen 44. 194.
Ottobeuren 39. 47.
Ottokapelle 109.

Paar Fl. 58.
Pappenheim 132.
Partenkirchen 91.
Partenstein 200.
Partnach 90.
Pasing 192.
Passau 33. 44. 194.
Pegnitz 167.
Peißenberg 94.
Perlenfischerei 145.
Petersbrunn 100.
Pfaffenhofen 62.
Pfalz 179.
Pfarrkirchen 120. 131.
Pföring 32.

Pforzheim 196.
Pfreimt 141. 142.
Pfrentschweiher 142.
Phantasie 155.
Pilling 194.
Planberg 118.
Planegg 100. 192.
Plassenburg 156.
Plattling 194.
Pleinfeld 198.
Polling 39. 96.
Poppenreuth 198.
Possenhofen 99.
Pottenstein 172.
Pöttlach 172.
Prien 120. 191.
Prozelten 162.
Puch 98.

Quackenschloß 172.
Queich 181.
Quirin 119.

Rabeneck 172.
Rabenstein 171.
Rachel 140.
Rain 31.
Ramsau 124.
Rebnitz 164.
Regen 146.
Regengebirg 146.
Regensburg 33. 36. 56. 65. 194.
Regenstauf 150. 194.
Regnitz 162. 164. 167.
Reichelsdorf 198.
Reichenhall 124.
Reismühle 100.
Rezat, fränk., 162.
Rezat, schwäb., 132. 164.
Rhein 152. 178.
Rheinbund 63.
Rhöngebirge 177. 186.

Riegsee 99.
Ries 128.
Riesenburg 172.
Risserkogel 118.
Robach 175.
Röbelsee 158.
Robing 149.
Rohrsee 92.
Rosenberg 175.
Rosenheim 110. 190.
Rosenmüllershöhle 173.
Röslau 187.
Rotach 118. 119.
Roth 164. 198.
Rothenberg 167.
Rothenburg 175.
Rott 110. 120.
Rötz 145.
Ruhmeshalle 33.
Ruppersberg 182.

Saale, fränk., 176.
Saale, thüring., 187.
Saalach 124.
Saaleck 177.
Salzach 122.
Salzburg 176.
Säuling 52.
St. Georgen 155.
St. Quirin 119.
Sansparcil, Schloß, 156.
Sauerlach 189.
Schäftlarn 39. 66.
Scharfreiter 66.
Scharnitz 65.
Schellenberg 29.
Scheyern 58. 62.
Schifferstadt 201.
Schildenstein 118.
Schinderberg 118.
Schlachters 197.
Schleisheim 10. 193.
Schlehdorf 91.

Schlierach 119.
Schliersee 119.
Schmutter 47.
Schnaittach 167.
Schneeberg 139.
Schondra 177.
Schongau 53.
Schrobenhausen 62.
Schulerloch 137.
Schwabach 164. 198.
Schwabmünchen 196.
Schwandorf 141. 195.
Schwaneck 66.
Schwarzach 167.
Schwarzenbach 199.
Schweinfurt 157. 200.
Schweiz, fränk., 171.
Schwesnitz 187.
Seekirchen 90.
Selbitz 187.
Sempt 101.
Sendling 18.
Setzberg 119.
Siegsdorf 121.
Simmsee 110.
Sinn Fl. 117.
Solnhofen 136.
Sonthofen 46.
Spalt 164.
Speier 182. 201.
Speierbach 182.
Spessart 161.
Spielberg 128.
Spitzingsee 119.
Stadtamhof 40. 65.
Stadtamhof 40. 65.
Staffelbach 199.
Staffelberg 156.
Staffelsee 99.
Staffelstein 156. 199.
Stamsried 148.
Starnberg 100. 193.
Starnberger See 99. 193.
Staufen 124.

Steben 187.
Steigerwald 174.
Steinhausen 156.
Stockenweiler 196.
Strahlfeld 195.
Straubing 34. 42. 194.
Streitberg 174.
Sulz, Bad, 94.
Sulzach 127.
Sulzbach 141. 195.
Sünching 194.

Tachensee 125.
Taimering 194.
Tann 186.
Tauber 175.
Taubersee 175.
Tegernsee 39. 118.
Teisendorf 192.
Teufelsmauer 33.
Thierhaupten 39. 55. 197.
Tirschenreuth 140.
Tittmoning 122.
Tölz 66.
Traun 121.
Traunstein 121. 192.
Trausnitz 79.
Trausnitz i. Thale 114. 142.
Trifels 181.
Trostberg 122.

Ueberfee 191.
Ulster 186.
Ungarnschlacht 54.
Ungstein 182.
Union 29.
Unterammergau 93.
Untergünzburg 26. 197.
Untersberg 124.
Ursberg 47.

Valepp 119.
Valley 120.

Velden 167.
Viechtach 147.
Vierzehnheiligen 156.
Vils 102. 141.
Vilseck 141.
Vilshofen 44. 102. 194.
Vohburg 32. 42.
Vöhring 69.
Vollach 158.

Wachenheim 182.
Wagingersee 125.
Walchensee 90.
Wald, b. bayr., 146.
Walderbach 149.
Waldlauter 185.
Waldmünchen 145.
Waldnaab 140.
Walhalla 41.
Wallberg 119.
Wallenburg 190.
Wasserburg 110.
Wasserkuppe b. g. 177. 186.
Wassertrüdingen 128. 198.
Waßmann 123.
Weiden 140. 202.
Weihenstephan 39. 77.
Weilheim 96.
Weischenfeld 171.
Weißach 118.
Weißenburg 164.
Weltenburg 32. 39.
Wendelstein 110.
Werdenfels 91.
Wertach 58.
Weser 186.
Wessobrunn 39.
Westereingen 196.
Westheim 197.
Wetterstein 91.
Weyarn 120. 190.
Wiesent 170.
Wildbad 175.
Willibaldsburg 137.

Wilpoldsrieb 196.
Winnweiler 184.
Wipfeld 157.
Wittelsbach 58. 62.
Wolfratshausen 92.
Wolnzach 62.
Wörnitz 127.
Wörth, Insel, 100.
Wülzburg 164.
Wunsiedel 187.
Würm Fl. 99.

Würmsee 99.
Würzburg 158. 200.
Wutzelhofen 194.

Zapfendorf 199.
Zeil 157. 199.
Zugspitze 91.
Zusam Fl. 47.
Zweibrücken 186. 201.
Zwiesel 146.

Das Königreich Bayern.

Beinahe zwei Jahrtausende kennt man die Geschichte eines der edelsten Volksstämme Deutschlands, der Bojer, Bojarier, Bayern, und wenn wir diesen riesenhaften Zeitraum auch nur flüchtig durchgehen, so begegnen uns dennoch die herrlichsten Beispiele selbstaufopfernder Vaterlandsliebe. Unsterbliche Thaten, vollbracht zur Befreiung und Erhaltung der heimatlichen Gauen und zum Schutze des allgeliebten Herrscherhauses, leuchten als glänzende Gestirne aus der langen Reihe dahingeschiedener Jahrhunderte und ihr ewig funkelnder Glanz fordert für alle Zukunft zur Nachahmung, in Zeit der Gefahr zu gleichem Heldenmuthe auf. Monumente, Gemälde, Kirchen, Kapellen und Geschichtstafeln - erzählen laut von einer großen Vergangenheit und von der edlen Begeisterung, mit welcher Fürst und Volk Gut und Blut daran setzten, um das Glück ihrer Nachkommen zu begründen.

Seitdem wir die Geschichte der Bojer kennen, gingen manch mächtige, angestaunte Völkerschaften gänzlich unter; aber der biedere Stamm der Bojarier kam aus dem Drängen und Wogen der Zeit immer noch kräftiger hervor. Ein großer Theil des gegenwärtigen Bayerns war lange Zeit eine Provinz des römischen Reiches. Nach Auflösung dieses großartigen Staates ward es dem ostgothischen und später dem fränkischen Reiche unterwürfig. Doch mag weder die gothische noch die fränkische Herrschaft einen besondern Einfluß auf unser Vaterland ausgeübt haben; denn die Bojoarier entwickelten sich zu einem selbstständigen Volke und wählten sich eigene Regenten 554 nach Christus.

Trotz aller Stürme der Zeiten, ungeachtet aller gewaltsamen Eingriffe von Außen regieren noch immer die edlen Nachkommen der Schyren, später Wittelsbacher, unser liebes Bayern.

Zuerst ein Herzogthum, wurde unser schönes Heimatland 1623 ein Kurfürstenthum, bis endlich das 19. Jahrhundert die Königskrone brachte. Am 1. Januar 1806 wurde Kurfürst Max Joseph IV. als Max I. König von Bayern ausgerufen. Alles jubelte und freute sich.

Bayern hat im Laufe der Zeit sehr verschiedene Veränderungen in Hinsicht auf seine Ausdehnung erlebt. Gegenwärtig umfaßt es nicht nur das alte Bojoarien, sondern auch Theile des ehemaligen Schwabens, des alten Ostfrankens, der Rheinpfalz, mehrere deutsche Reichsstädte und Besitzungen ehemaliger Fürstbischöfe. Der Staat bildet seiner Lage nach einen Theil von Süddeutschland, hat 1400 ☐ Meilen und zählt 4½ Millionen Einwohner, von welchen zwei Drittheile sich zur katholischen und fast ein Drittheil zur protestantischen Kirche bekennen. Auch ungefähr 50,000 Juden leben im Lande.

Die Gränznachbarn sind im Süden Tyrol und Vorarlberg, wo die Alpenkette eine mächtige Scheidewand bildet; im Westen das Königreich Württemberg und die Großherzogthümer Baden und Hessen-Darmstadt; im Norden Kurhessen und mehrere sächsische Länder; im Osten Böhmen und Oberösterreich.

Die Pfalz liegt vom Stammlande getrennt jenseits des Rheines.

Das Königreich wird mit Rücksicht auf die Geschichte in acht Regierungsbezirke eingetheilt. Diese sind:

1) **Oberbayern** mit der Hauptstadt **München**.
2) **Niederbayern** mit der Hauptstadt **Landshut**.
3) **Pfalz** mit der Hauptstadt **Speyer**.
4) **Oberpfalz und Regensburg** mit der Hauptstadt **Regensburg**.
5) **Oberfranken** mit der Hauptstadt **Bayreuth**.
6) **Mittelfranken** mit der Hauptstadt **Ansbach**.
7) **Unterfranken und Aschaffenburg** mit der Hauptstadt **Würzburg**.
8) **Schwaben und Neuburg** mit der Hauptstadt **Augsburg**.

Die Haupt- und Residenzstadt des Landes ist
München,
fast in der Mitte Oberbayerns in einer großen Hochebene 1746 bayer. Fuß über dem Spiegel des adriatischen Meeres gelegen. Die Stadt ist zugleich Sitz der Ministerien, der fremden Gesandtschaften, des Erzbischofes, des obersten Gerichtshofes für das Königreich u. s. w.

Nach Vereinigung der Vorstädte Au, Haidhausen und Giesing ist die Bewohnerzahl auf 130,000 gestiegen.

Der ältere Theil Münchens hat manch winkelige, nicht allzubreite Straßen; gleichwohl streben auch hier achtungswerthe Bauwerke, in vergangenen Jahrhunderten entstanden, empor. Der riesige Dom zu Unser lieben Frau ragt mit seinen beiden kolossalen, leider nicht ausgebauten Thürmen weit über das Häusermeer und schaut mit feierlichem Ernste auf seine Umgebung. Das Innere dieses hehren Tempels wurde in neuester Zeit dem edlen Baustyle angemessen umgestaltet.

Die kühngewölbte Michaelskirche und die Theatinerkirche mit ihrer überreichen Fülle an Stukkaturarbeit sind Gotteshäuser, wie sie nur selten zu sehen sind. Die alte Residenz, 1616 vollendet, zeugt von dem guten Geschmacke unserer Vorfahren.

Der neuere Theil der Stadt, dessen eigentlicher Schöpfer König Ludwig ist, besteht aus breiten, größtentheils regelmäßigen Straßen und Plätzen, die den alten Kern von München prachtvoll umrahmen.

Zu beiden Seiten der alten Residenz erheben sich jetzt für die königliche Familie neue, großartige Bauten, der Königsbau und der Saalbau, reich an künstlerischer Ausstattung. Durch diesen bedeutenden Zuwachs wurde das fürstliche Schloß eines der größten in Europa. Nördlich ist mit den weitläufigen Gebäuden der von dem Kurfürsten Max I. angelegte Hofgarten verbunden. Lange Reihen von Bogengängen, Arkaden, die mit meisterhaften Gemälden geschmückt sind, umschließen auf zwei Seiten die schattenreiche Baumanlage. Mit der königl. Residenz hängen ferner zusammen das von König Max II. neu hergestellte Residenztheater, der überraschend schöne Wintergarten und das Hof- und Nationaltheater, das größte in Deutschland.

Unter den übrigen zahlreichen Palästen ragen besonders hervor das geräumige Universitätsgebäude, die riesenhaften Hallen der nach Paris größten Bibliothek der Welt, die alte und die neue Pinakothek mit einem unschätzbaren Gemäldeschatz, die Glyptothek, das Postgebäude, die Feldherrnhalle, der Wittelsbacher Palast, das Siegesthor u. s. w.

Die prachtvollsten Kirchen, in der Neuzeit entstanden, haben dem Könige Ludwig ihr Dasein zu verdanken. Die Basilika zum hl. Bonifazius, die Pfarrkirche in der Vorstadt Au, die Allerheiligen-Hofkapelle und die Ludwigskirche sind Tempel, die durch ihren edlen Baustyl und durch ihre unübertrefflich innere Ausschmückung ebenso zur Bewunderung, wie auch zur Andacht hinreißen.

Unter der Regierung unseres gegenwärtigen Königs erweitert sich die Stadt auch in östlicher Richtung zum Isarstrande. Es erstand nach dem Wunsche des geliebten Fürsten die Maximiliansstraße mit großartigen Gebäuden und lieblichen Anlagen. Sie leitet über schöne, steinerne Brücken zum jenseitigen Ufer des Flusses. Das Maximilianäum, ein Riesenbau von seltener Größe, schaut von der Höhe über die Stadt weit hinaus in das Land.

Die Hauptstadt besitzt höchst kostbare Sammlungen und Kabinete für Zwecke der Kunst und Wissenschaft. Es befindet sich hier die im Jahre 1826 von Landshut verlegte Ludwigs-Maximilians-Universität und andere Lehranstalten, die in jüngster Zeit durch König Max II., dem Freunde der Wissenschaften, einen höchst erfreulichen Aufschwung nahmen.

München hat es noch nicht zum Range einer Fabrikstadt gebracht; dagegen stehen einige Zweige der Industrie auf einer so hohen Stufe, daß sie wohl nirgends erreicht werden. Die kgl. Erzgießerei, die Glas- und Porzellanmalerei, das optische Institut von Fraunhofer, fortgeführt von März, die v. Maffei'sche Maschinenfabrik sind Anstalten, die in ganz Europa und selbst in andern Welttheilen hochberühmt sind.

Die Umgebung der Hauptstadt Bayerns wird gar so häufig als eine recht traurige und unfruchtbare Gegend geschildert. Wenden wir uns der Isar entlang auf- oder abwärts, überall finden sich schöne, schattenreiche Anlagen und die einladendsten Spaziergänge. Berühmt ist das Werk des Kurfürsten Karl Theodor, der englische Garten, welcher im Norden der Residenz sich stundenweit ausdehnt. Kaum wird eine Stadt Deutschlands in so unmittelbarer Nähe einen so herrlichen Park besitzen. Am jenseitigen Ufer des Flusses erblüht in unsern Tagen ein neues Paradies, geschaffen von unserm geliebten Monarchen, dem hohen Verehrer der Natur, die neuen Anlagen an den Abhängen der Isar, die in Hinsicht auf ihre freie Lage, ihre Lieblichkeit und reiche Abwechslung wohl nicht leicht zu finden sind.

Nimmt man seinen Weg in westlicher Richtung vor die Stadt, so kommt man auf einer kleinen Anhöhe der Theresienwiese entlang zur großartigen Ruhmeshalle mit dem ehernen 65′ hohen Standbilde der Bavaria. Die Rundschau, welche man hier über Stadt und Umgebung genießt, ist entzückend. Im Süden begrenzen die mächtigen Alpenspitzen die Aussicht. Reichbebuschte Hügel ziehen jenseits der Isar herab; im Osten und Norden liegt die prachtvolle Stadt mit ihren Thürmen, Kirchen und Palästen ausgebreitet. Aus den Niederungen drängen sich überall die reichbelaubten Gipfel mächtiger Bäume, aus den Lücken der Häuserreihen schaut das saftige Grün duftender Sträucher und erhöhen den Zauber des großartigen Bildes. Hier sucht wohl Jeder umsonst die dürre, traurige Umgebung!

Ein Jahrhundert nach der Gründung wurde München von Herzog Ludwig dem Strengen 1258 zur Residenz gewählt. Von dieser wichtigen Zeit an knüpft sich das Schicksal der Stadt an das des erhabenen Herrscherhauses. Gleichsam zu einer großen Familie vereiniget, durchlebte sie Hand in Hand mit ihren Fürsten heitere wie trübe Tage. Das bescheidene Schloß Ludwig des Strengen, die Ludwigsburg, stand an der Stelle des jetzigen alten Hofes. Von dem alten Bauwerke sind nur noch spärliche Ueberreste sichtbar.

Durch den Aufenthalt des Landesherrn erweiterte sich die kleine Stadt, die Bevölkerung nahm zu und der Verkehr wurde lebhafter. Sichtlich waltete des Himmels Segen über den rasch aufblühenden Ort und schützte die biedern und gottesfürchtigen Bewohner. Bei den größten Drangsalen der Zeiten, unter den Schrecknissen der gräßlichsten Kriege, bei welchen der Glanz gar vieler anderer Städte erbleichte und der Wohlstand unterging, — bei allen Stürmen der Jahrhunderte hob sich München immer mehr und mehr und stieg glücklich bis zur gegenwärtigen Pracht und Größe empor.

Unter Kaiser Ludwig dem Bayer wurde die Stadt vergrößert, mit schönen Gebäuden geziert und wegen der unerschütterlichen Treue und Anhänglichkeit, wie auch wegen der bei Moosburg und Ampfing kräftig bewiesenen Tapferkeit ihrer Bürger mit dem Alleinhandel des Salzes beschenkt und mit städtischer Freiheit und Verfassung versehen.

Ein schönes Freskogemälde am Isarthore vergegenwärtiget den Einzug Ludwig's nach dem Siege bei Ampfing 1322 in die jubelnde Stadt. Kurfürst Max I. setzte dem großen Herrscher ein würdiges Denkmal in der Frauenkirche. Der herrliche Dom selbst verdankt seine Entstehung der Frömmigkeit Herzogs Sigmund und dem christlichen Eifer der guten Münchner. In 20 Jahren, von 1466—1486, wurde an dem Riesenbau gearbeitet.

Sigmund war ein gar gemüthlicher und freundlicher Herr, hatte aber wenig Freude an Regierungsgeschäften. Er überließ darum den Thron seinem jüngern, höchst einsichtsvollen Bruder Albert IV. Nach dem Aussterben der Herzogslinie Landshut und Beendigung des blutigen Landshuter Erbfolgekrieges 1505 wurde dieser Fürst alleiniger Herr von Ober= und

Niederbayern. Einsehend, welch großes Unglück die vielen Theilungen dem Vaterlande bisher gebracht hatten, erhob er 1506 das Recht der Erstgeburt zu einem Hausgesetze, nach welchem auf ewige Zeiten die Untheilbarkeit des Landes festgesetzt wurde und der älteste Prinz allein die Regierung führen sollte. Wegen dieser in ihren Folgen so segensreichen Anordnung wird Albert IV. auch „der Weise" genannt.

Unter dem Nachfolger Wilhelm IV. begann die von Luther hervorgerufene Glaubensneuerung. Der Herzog, welcher unerschütterlich an den alten katholischen Glauben hielt, trat mit aller Kraft der neuen Lehre entgegen und ergriff manch scharfe Maßregel gegen diejenigen, welche als Beförderer der Reformation erschienen. Die Geschichte nennt ihn darum „den Standhaften."

Trotz aller Strenge fand Luther auch in Bayern Anhänger und der nachfolgende Herzog Albert V. sah mit Wehmuth, wie immer weiter und weiter die neuen Grundsätze Wurzel faßten. Der bekümmerte Fürst erwartete mit Sehnsucht das Ende aller kirchlichen Unruhen von dem Ausgange des Conciliums zu Trient, das mit mehrfachen Unterbrechungen von 1545—1563 dauerte. Leider brachte die Kirchenversammlung die gehoffte Einigung nicht zu Stande. Bayerns Herzog achtete aber die Beschlüsse derselben und suchte sie mit allem Ernste in seinem Lande zur Geltung zu bringen. Der edle Fürst vergaß aber dabei niemals Menschengefühl und Menschenwürde und trachtete mehr durch Milde, als durch Gewalt zu gewinnen und erhielt darum den ehrenvollen Beinamen „der Großmüthige."

Albert war ein großer Freund der Wissenschaften und Künste. Er gründete die Münzen= und Kunstsammlung und die Bibliothek. An seinem Hofe lebte der berühmte Musiker Orlando di Lasso. König Ludwig I. errichtete dem großen Meister ein Standbild auf dem Odeonsplatze.

Wilhelm V., ein äußerst gütiger Herr, folgte in der Regierung. Er berief die Jesuiten als kräftige Schutzwehr gegen den Andrang der neuen Lehre nach München und erbaute ihnen die Michaelskirche mit den daran stoßenden herrlichen Gebäuden. In den großartigen Räumen der Letztern befindet sich zur Zeit die Akademie der Wissenschaften und der bildenden Künste. Außerdem haben die Marburg und das Herzogspital diesem Herzoge ihre Entstehung zu verdanken.

Wilhelm lebte ganz der Frömmigkeit und Wohlthätigkeit, übergab nach 19jähriger Regierung den Thron seinem rüstigen Sohne Maximilian und zog sich mit seiner ebenso gottesfürchtigen Gemahlin Renata von dem öffentlichen Leben zurück. Meistens zu Schleisheim, nahe bei München, in stiller Waldeinsamkeit, verbrachte Wilhelm noch 29 Jahre, sich dem Gebete, der Abtödtung und der Ausübung guter Werke widmend und starb alt und lebensmüd 1626, nachdem er noch 8 Jahre des unseligen 30jährigen Krieges erleben mußte.

Max I. übernahm in einer äußerst bewegten Zeit die Regierung über Bayern. Sein heller, durchdringender Geist erkannte gar bald die Schwierigkeit der Aufgabe. Er sah die Gefahren, welche die Zukunft unter den obwaltenden Verhältnissen bringen mußte, vorher und that als kluger Fürst Alles, um dem losbrechenden Sturme kräftig begegnen zu können. Max sorgte für Geld, Ordnung im Innern und eine Achtung gebietende Kriegsmacht nach Außen. Um nicht zur Zeit der Gefahr Miethtruppen halten zu müssen, machte er alle streitbaren Männer in seinem Lande wehrhaft und übte sie in den Waffen. Die Zeughäuser wurden mit schwerem und leichtem Geschütze aller Art angefüllt, die Festung Ingolstadt in guten Vertheidigungsstand gesetzt und München mit Wällen und Gräben umgeben.

Donauwörth bot dem Herzoge zuerst Gelegenheit zum Gebrauche seiner Kriegsmacht. Maximilian sollte im Auftrage des Kaisers die Reichsacht an dieser Stadt vollziehen, eine Strafe, wodurch man seine Besitzungen, Würden und Freiheiten verliert. Ein starkes Heer erschien vor Donauwörth und die erschrockenen Bürger ergaben sich ohne Schwertstreich 1607. (Siehe Donauwörth.) Eine unheimliche Spannung herrschte zwischen den verschiedenen Religionsparteien in Deutschland, bis sich endlich die furchtbare Flamme des 30jährigen Krieges in Böhmen entzündete.

Kaiser Rudolph hatte den Protestanten dieses Landes freie Religionsübung zugesichert. Von dem Nachfolger Mathias in ihren Rechten geschmälert und von Ferdinand II. noch Schlimmeres befürchtend, erkannten die Böhmen letztern nicht als König, empörten sich, warfen die kaiserlichen Gesandten vom Rathhause zum Fenster hinab und wählten zu ihrem Fürsten Friedrich V. von der Pfalz, das Haupt der Union 1619. Dieser Aufruhr gewann so an Ausdehnung, daß Kaiser

Ferdinand nicht im Stande war, die verlornen Rechte wieder zu erkämpfen. Da trat sein treuester Freund Herzog Maximilian für ihn auf den Kampfplatz. Mit einem Heere von 30,000 Mann, trefflich ausgerüstet, zu dem später 20,000 Oesterreicher stießen, zog Max I. durch das gleichfalls empörte Oesterreich nach Böhmen der Hauptstadt Prag zu. Ungewöhnlich schlechte Witterung bereitete den Truppen außerordentliche Hindernisse und Hunger und Seuchen rissen große Lücken in die Reihen der Krieger. Der Herzog blieb aber unerschütterlich bei seinem Plane und erschien vor Prag. Auf dem sogenannten weißen Berge traf er die Böhmen in vortheilhafter Lage verschanzt, schritt aber dessenungeachtet zum Angriffe den 8. Nov. 1620. Mit dem Feldgeschrei: „Heilige Maria!" begann der Kampf und schon nach einer Stunde waren die Bayern Sieger. Beinahe 6000 Leichen deckten das Schlachtfeld. Die Katholiken zählten nur 300 Todte und Verwundete. Auf diese Kunde verließ Böhmens König Friedrich eiligst die Hauptstadt, um sie nie wieder zu sehen. Weil er nur den Winter über im Besitze des Königreiches Böhmen war, so nannte man ihn spottweise „den Winterkönig."

Die Thore von Prag öffneten sich, und Bayerns Fürst zog ohne Siegesgepränge in die unterworfene Stadt und begab sich mit den Worten: „Ich kam und sah; Gott aber siegte!" in die Kirche, um dem Lenker der Schlachten zu danken.

Mit reicher Beute kehrte Max nach München zurück und übertrug den Oberbefehl über das Kriegsvolk dem berühmten Feldherrn Tilly. Gegen Friedrich wurde die Reichsacht ausgesprochen mit Verlust der Kurwürde. Letztere erhielt Herzog Maximilian.

Die Sache der Protestanten gestaltete sich immer schlimmer. Da eilte Gustav Adolph, König von Schweden, seinen Glaubensgenossen zu Hilfe und zog, vom Kriegsglücke begleitet, unaufhaltsam über Donauwörth, Ingolstadt, Landshut und Freising nach München, um die Zerstörung Magdeburgs durch Tilly an Bayerns Hauptstadt zu rächen. Die Bewohner Münchens zitterten und erwarteten mit Schrecken den furchtbaren Tag. Die angesehensten Bürger eilten dem fremden Könige entgegen und baten um Gnade. Gustav Adolph ließ sich nach langem Bitten bewegen und die Stadt war gerettet. Am 17. Mai 1632 hielt der nordische Held seinen Eingang, war freundlich und herablassend und ließ Niemanden ein Leid geschehen. Er bewunderte die herrlichen Gebäude, die schönen Kirchen und wünschte nur die prachtvolle, erst von Maximilian vollendete und bezogene Residenz mitnehmen zu können. Durch Verrath erfuhr der König die Stelle, wo 140 Stück Kanonen vergraben lagen. Sogleich ließ er sie hervorholen und man fand eine Röhre mit 30,000 Dukaten gefüllt. Die übrigen kurfürstlichen Schätze waren bereits in das Bergschloß Werfen an der Salzach in Sicherheit gebracht.

München mußte für die Schonung 300,000 Thaler Brandschatzung bezahlen. Da bis zum Abzuge der Feinde nur 80,000 Thaler erlegt werden konnten, so führte der König 42 Geißeln mit, von welchen nur wenige ihre liebe Heimath wieder sahen.

Viel schrecklichere Gäste als die nordischen Krieger

kehrten 1684 und 1635 in München ein, nämlich Pest und Hunger. Das Elend und der Jammer sind nicht zu beschreiben. Die Straßen der Stadt waren verödet, manches Haus stand gänzlich leer oder enthielt nur Leichen. In wenig Monaten sank fast die Hälfte der Bewohner in das Grab.

Kurfürst Maximilian war der einzige Monarch Deutschlands, welcher den nur zu lange andauernden Krieg ganz durchlebte. Nach dem Friedensschlusse 1648 sah der edle Fürst, bereits zum Greise geworden, gottergeben das Ende seiner Tage nahen. Unerschütterlich hatte er für die Rechte der katholischen Kirche gestritten und ohne diesen unbeugsamen Helden möchte die Sache für die Katholiken höchst traurig geendet haben. Der große Mann, weit über seine Zeitgenossen erhaben, richtete noch mit einfachen, rührenden Worten ernste Ermahnungen an seinen hoffnungsvollen Sohn und bat ihn, die Pflichten des Menschen und des Fürsten nie zu vergessen; dann legte er sein müdes Haupt zur ewigen Ruhe 1651. König Ludwig ehrte sein Andenken durch eine großartige Reiterstatue auf dem Wittelsbacherplatze.

Ferdinand Maria war ernstlich bemüht, die tiefen Wunden, welche der Krieg dem Lande geschlagen, zu heilen. Er hob den niedergedrückten Ackerbau, beförderte Handel und Gewerbe und sorgte für das Wiederaufblühen der Künste und Wissenschaften. Mit edler Selbstverläugnung wies er die angebotene Kaiserkrone zurück, wohl wissend, daß durch sie die Ruhe seines geliebten Volkes gestört und neuerdings der Gräuel des Krieges über das Vaterland heraufbeschworen wurde. Ohne durch starke Abgaben die Unterthanen zu drücken, ward es ihm durch kluge Sparsamkeit möglich, wohlthätig zu wirken und großartige Gebäude aufzuführen. Die herrliche Theatinerkirche, das Karmelitenkloster, das alte Theater und das Lustschloß Nymphenburg sind seine Schöpfung.

Im Jahre 1671 gerieth durch die Unvorsichtigkeit einer Kammerfrau die kurfürstliche Residenz in Brand, wodurch viele unschätzbare Gemälde und andere Kunstwerke vernichtet wurden. Die Kurfürstin mußte halbangekleidet mit den Kindern fliehen; denn mit rasender Schnelligkeit verbreiteten sich die Flammen. Dieser Vorfall hatte die Gesundheit der zarten Frau erschüttert und sie starb bald. Schon nach drei Jahren folgte ihr, von dem ganzen Lande betrauert, Ferdinand Maria 1679.

Der Sohn und Nachfolger Max Emanuel, ein thatendurstiger Jüngling, war von kriegerischem Geiste beseelt, wußte sich aber durch Menschenfreundlichkeit und durch ein leutseliges Benehmen die allgemeine Liebe seiner Unterthanen zu erwerben. Um seine allgemein bewunderte Tapferkeit zu ehren, wird ihm auf dem Promenadeplatze ein Denkmal errichtet.

Der jugendliche Fürst wurde von dem österreichischen Kaiser Leopold, der ihm zu Altötting die Hand seiner Tochter Marie Antonie zur Ehe versprach, für sich gewonnen und gar bald hatte Emanuel Gelegenheit zu zeigen, mit welch' inniger Freundschaft er dem Kaiser ergeben war. Die Türken, von den empörten Ungarn zu Hilfe gerufen, zogen mit ungeheurer Macht an der Donau herauf und belagerten Wien. Der Fall der Stadt schien trotz der außerordentlichen Tapferkeit ihrer Bewohner nahe zu sein. Da kam Hilfe zur rechten Zeit! Der heldenmüthige König von Polen Johann Sobiesky und der ritterliche Kurfürst von Bayern zogen heran und in wenig Stunden war der dreimal überlegene Feind geschlagen 1683.

Noch fünf Jahre kämpfte Emanuel für das Haus Oesterreich gegen die Muselmänner. Das Glück begleitete den furchtlosen Helden. Er bezwang das feste Schloß in Ofen und erbeutete bei Mohacz das kostbare Lager der Christenfeinde. Von diesem Tage an hatten die Moslemin eine gewaltige Furcht vor dem Bayer und nannten ihn gewöhnlich „den blauen König."

Die größte seiner Thaten war die Eroberung der Festung Belgrad. Emanuel leitete an der Spitze seiner treuen Truppen selbst den Sturm. Durch Schutt und Stein gedrungen, sah er plötzlich durch einen gewaltigen Graben seine Schritte gehemmt. Verlegen wankte selbst der Muthigste. Aber der Kurfürst, blind für die Gefahr, sprang mit dem Rufe: „Bayern, mir nach!" in die Tiefe, erkletterte die Wälle und nahm mit siegender Hand den Türken die Hauptfahne hinweg, die heute noch in der Frauenkirche ausgestellt ist. Damit war das Hauptbollwerk der Osmannen gestürzt und Emanuel kehrte mit Ruhm bedeckt ins Vaterland heim 1688. Der Preis der Lorbeeren war aber ein kostbarer. Auf fernen Schlachtfeldern lagen 30,000 erschlagene Bayern; der väterliche Schatz war durch die ungeheuren Kriegskosten aufgezehrt und von Oesterreich keine Entschädigung zu hoffen.

Während dieses Krieges sah man in München einige Hunderte gefangene Türken. Man gebrauchte sie zum

Graben eines Kanales, um das Wasser der Würm in die Stadt zu leiten. Leider liegt das Werk unvollendet. Die Straße dieser Linie entlang heißt heute noch der Türkengraben.

Kaum heimgekehrt fand Emanuel's kriegerischer Geist neue Beschäftigung im Kampfe gegen Frankreich, um Savoyen aus französischer Gewaltherrschaft zu befreien. Er belagerte die Festung Cammagnola in Piemont, südlich von Turin. Von Freund und Feind wurde des Kurfürsten Pracht und Güte und sein heldenhaftes Verachten der Gefahren bewundert. Mit großer Höflichkeit ließ der französische Befehlshaber fragen, wo das Zelt des Fürsten sich befinde, um es von Kugeln zu verschonen. „Ueberall im Lager!" antwortete der ritterliche Emanuel und verblüfft kehrten die Abgesandten in die Festung zurück.

So treu das Kriegsglück Bayerns Herrscher begleitete, so lange er für Oesterreich stritt, eben so sehr floh es ihn, als er im spanischen Erbfolgekriege die Waffen gegen den Kaiser kehrte. Nach der unglücklichen Schlacht bei Höchstädt 1704 mußte er aus seinem eigenen Lande fliehen und es den Oesterreichern überlassen. Aber gerade zu dieser Zeit zeigte sich der Bayern unerschütterliche Treue für ihren Regenten auf die glänzendste Weise. Das edle Volk erhob sich, um Emanuel wieder auf den Thron seiner Väter zu setzen. Wohlbewaffnete Schaaren, bereit Leib und Leben zu opfern, zogen gegen die Hauptstadt, um sie aus Feindeshand zu befreien. Ueber 5000 kühne Männer aus den bayerischen Gebirgsthälern erschienen vor Münchens Thoren, um im Einverständniß mit den getreuen Bürgern die österreichische Besatzung zu bezwingen. Der ganze Plan ward aber von Elenden verrathen, die Häuser der Bürger von den feindlichen Soldaten bewacht und der kaiserliche General Kriechbaum zu Hilfe gerufen. Mit großen Streitkräften erschien dieser von Anzing her, als bereits der Kampf in der hl. Christnacht den 25. Dez. 1705 begonnen hatte. Nun machten die Oesterreicher aus der Stadt einen Ausfall und so von zwei Seiten angegriffen, zogen die Gebirgsbauern sich muthig vertheidigend auf die Thalhöhe von Sendling, eine halbe Stunde von München, zurück. Hier faßten sie festen Fuß hinter den Mauern des Kirchhofes, hinter Zäunen und in Häusern. Die Getreuen unterlagen der Uebermacht, wurden theils unbarmherzig niedergemetzelt, theils gefangen in die Stadt geführt, wo sie ein grausamer Feind auf dem beeisten Pflaster der Straßen hilflos verbluten ließ.

Ein schönes Wandgemälde von Lindenschmitt an der Kirche zu Sendling vergegenwärtiget uns einen Theil dieses Heldenkampfes für Fürst und Vaterland. Der geheime Rath von Zwack ließ den edlen Opfern auf dortigem Kirchhofe ein Denkmal aus Gußeisen errichten und König Ludwig schmückte den Grabhügel der Landesvertheidiger auf dem Gottesacker zu München mit einem großen, ehernen Weihwasserbecken.

Auch unter dem nachfolgenden Kurfürsten Karl Albert wüthete der Krieg mit allen seinen Gräueln in unserm Vaterlande, bis endlich unter Max Joseph III. dem Allgeliebten die Segnungen des Friedens Bayern im vollsten Maße beglückten.

Mit dem Tode dieses Fürsten endete die Ludwig'sche

Linie und als auch der Nachfolger Karl Theodor aus dem Hause Pfalz=Sulzbach kinderlos starb, so kam das Land an Max Joseph IV. von Pfalz=Zweibrücken 1799. Dieser Herzog war schon vor seinem Regierungsantritte öfters in München gewesen und das Volk kannte ihn bereits als einen gar gütigen und leutseligen Herrn. Groß war daher der Jubel bei seinem Einzuge in die Hauptstadt. Max erschien nicht als gebietender Herrscher, sondern wie ein geliebter Vater in dem Kreise der Seinigen. Die jauchzende Volksmenge drängte sich zum Reisewagen und in gewohnt freundlicher Weise grüßte der Kurfürst seine freudetrunkenen Unterthanen und drückte den treuherzigen Bürgern die dargebotene Hand. „Es ist wieder ein Max," hörte man vom Volke rufen, „und Alles wird gut werden!"

Die Ankunft Maximilian's war nach manchen Tagen der Trübsal ein Freudenfest. Die Verhältnisse, in welchen der junge Kurfürst die Regierung antrat, waren nichts weniger als günstig. Nicht nur daß die Zustände Bayerns im Innern ein trauriges Bild boten, von allen Seiten drohte auch der Krieg.

Max vereinigte sich gegen die anstürmenden Franzosen mit Oesterreich. Mit siegreichen Waffen drangen aber die Fremdlinge durch Schwaben und Bayern. Die Festung Ingolstadt wurde von französischen Truppen geschleift, München besetzt, das Zeughaus geleert und die Residenz ihrer schönsten Kunstwerke beraubt. Der Kurfürst hatte sich bereits bei Annäherung des Feindes mit seiner Familie und den Schätzen des Landes nach Amberg geflüchtet.

Am 3. Dezember 1800 kam es bei dem Dorfe Hohenlinden, östlich von München, zur Schlacht. Die Franzosen unter Moreau blieben Sieger. Mehr als 6000 tapfere Bayern fielen im mörderischen Kampfe. In Folge dieses unglücklichen Tages verlor Bayern die Länder am Rheine, wurde aber durch andere Gebietstheile reichlich entschädiget.

Nur wenige Jahre der Ruhe waren dem Kurfürsten gegönnt, um für das Wohl seiner geliebten Unterthanen zu wirken; da griffen die Fürsten Europa's 1805 neuerdings zum Schwerte. Maximilian trat nun mit mehreren deutschen Fürsten auf die Seite des siegreichen Frankreichs. Dieser Schritt brachte die Königskrone und groß war der Jubel, als am 1. Januar 1806 Maximilian zum Könige von Bayern ausgerufen wurde.

Wieder trat Frieden ein, und wohl Niemanden war er willkommner als dem guten Vater Max. Aber wieder nur kurz war die Zeit der Ruhe. Furchtbare Kämpfe erhoben sich gegen Tyrol und Oesterreich; die Bayern und Franzosen blieben aber stets Sieger. Nun wollte Frankreichs Kaiser, Napoleon, von dem außerordentlichen Kriegsglücke übermüthig gemacht, mit einem Schlage ganz Rußland nehmen. Mit einer halben Million Soldaten, darunter über 30,000 Bayern, zog der Eroberer 1812 durch Sachsen, Preußen und Polen in das russische Reich. Bayerns Krieger zeichneten sich auch bei diesem Zuge, namentlich bei Polotzk, durch Tapferkeit aus. Der Sieg bei dieser Stadt über die Russen ward theuer erkauft. Der größte Held und der beliebteste General der bayerischen Armee, der edle Graf Deroy, fand hier, von einer Kugel getroffen, einen ruhmvollen Tod. König Max II. errichteten dem Gefallenen an der Maximiliansstraße ein schönes Standbild.

Unter blutigen Siegen drang Napoleon bis Moskau vor, um dort zu überwintern. Allein die Russen opferten die prachtvolle Stadt den Flammen und das Heer, auf diese Weise ohne Nahrung und Obdach, war zum schnellen Rückzug genöthiget. Durch Kälte, Hunger und das Schwert der verfolgenden Russen wurde fast die ganze Armee aufgerieben. 30,000 tapfere Söhne unseres Vaterlandes fanden ihren Tod auf den Schnee= und Eisfeldern Rußlands. König Ludwig I. errichtete den Gefallenen aus dem Erze eroberter Kanonen auf dem Karolinenplatz einen 100′ hohen Obelisk mit der Inschrift: „Auch sie starben für des Vaterlandes Befreiung!"

Mit dem Mißlingen dieses großen Unternehmens erblich Napoleons Glücksstern. Der Rheinbund löste sich auf und die Waffen Bayerns und anderer deutschen Staaten kehrten sich nun gegen Frankreich. Nachdem die Franzosen öfters und nachdrücklich geschlagen waren, kam es endlich 1815 zum dauernden Frieden. Die unabhängigen Fürsten und freien Städte Deutschlands vereinigten sich zum Schutze nach Außen zu einem Bundesstaate und Bayern behauptet in demselben gemäß seiner Größe den dritten Rang.

Nun war es dem guten Max möglich, seine Sorge ungetheilt auf das Wohl seiner Landeskinder verwenden zu können. Staunenswerth Vieles geschah zum Besten des Volkes. Unvergeßlich bleibt namentlich das, was Maximilian in den Theuerungsjahren 1816 und 1817 sowohl dem ganzen Lande, als der Hauptstadt insbesondere gethan hat, um die Noth und das Elend der Armen zu lindern.

Unter Maximilian's Szepter vergrößerte und verschönerte sich München ungemein. Die Mauern, welche bisher die Stadt umgürteten und die weder die Schweden, noch die Oesterreicher und später die Franzosen hinderten, München zu besetzen, wurden theilweise abgetragen, die Umgebung geebnet und neue Vorstädte angelegt.

Am glänzendsten zeigte sich die königliche Großmuth des unvergeßlichen Monarchen dadurch, daß Vater Max seinem Volke statt der ältern, durch die Stürme der Zeit zertrümmerten ständischen Landesverfassung am 26. Mai 1818 eine neue, den Zeitumständen angemessene Konstitution gab. Der König selbst eröffnete die erste Ständeversammlung und erklärte in seiner Rede diesen Tag für den schönsten seines Lebens.

Auch die Angelegenheiten der Kirche, die durch die langen Kriegsjahre in große Verwirrung gekommen waren, wurden geregelt. Eine Uebereinkunft mit dem päpstlichen Stuhle führte auch hierin eine bessere Zukunft herbei. Das Land wurde in zwei Erzbisthümer, München-Freising und Bamberg, getheilt und dem erstern die Bisthümer Augsburg, Regensburg und Passau, dem letztern aber die Bisthümer Eichstädt, Würzburg und Speier untergeordnet.

Für die protestantische Gesammtgemeinde wurden ein Oberconsistorium in München und drei Consistorien zu Ansbach, Bayreuth und Speier errichtet.

Unter solch weisen Einrichtungen kam das Land zur schönsten Blüthe. Der König freute sich des Glückes seines Volkes, das ihn nur den guten Vater Max nannte. Unbeschreiblich war darum der Jammer, als am Morgen des 13. Oktober 1825 die Schreckenspost von dem Tode des Vielgeliebten sich verbreitete. Heiter und zufrieden hatte sich der König im Schlosse Nymphenburg zur Ruhe gelegt; aber — er erwachte nicht mehr für dieses Leben. In der Mitte des Max-Joseph-Platzes setzte die dankbare Stadt München dem Unvergeßlichen ein großartiges Monument. Auf dem Thronstuhle sitzend erhebt Maximilian, ganz das Bild der Milde und des Wohlwollens, seine Rechte, die Hauptstadt segnend.

Ihm folgte sein Sohn Ludwig I., der Trost des trauernden Volkes. Von dem großen Unternehmungsgeiste und hohen Kunstsinne sprechen die Pracht- und Riesenbauten, die sich namentlich in München unter diesem erhabenen Könige erhoben und allgemeines Staunen erregen. Unglaubliches hat dieser edle Monarch in 23 Jahren des Friedens zum Wohle seiner Unterthanen ausgeführt; auch als deutscher Fürst wirkte er mit aller Kraft für die Ehre und das Ansehen des gesammten Deutschlandes. Gar manch großartiger Plan, bereits im Geiste des hohen Kunstkenners vollendet, möchte noch zur Ausführung gekommen sein, hätten nicht die stürmischen Ereignisse des Jahres 1848 den an ein friedliches Wirken gewöhnten Regenten bewogen, die Regierung zu Gunsten seines Sohnes niederzulegen.

Maximilian II.,

geboren den 28. November 1811 und vermählt den 12. Oktober 1842 mit

Marie,

königl. Prinzessin von Preußen, bestieg den Thron den 20. März 1848.

Groß waren die Hoffnungen des Volkes auf Ihn und die Erwartungen haben sich glänzend erfüllt. Wissenschaften und Künste, gepflegt und geschützt von dem erhabenen Monarchen, stehen auf hoher Stufe. Neue, verbesserte Gesetze sind bereits eingeführt, theils wird rüstig an ihrer Vollendung gearbeitet.

Aber auch der edle Fürst hat sich an seinen Unterthanen nicht getäuscht; denn die königlichen Worte bei der Thronbesteigung: „Auf der Bayern Treue hoffe Ich, auf die seit Jahrhunderten bewährte Liebe zu ihren Fürsten!" hallen fort und fort und stets wird ein beglücktes Volk bereit sein mit Gut und Blut für König und Vaterland einzustehen.

Hochverehrt ist die edle Landesmutter Marie. Durch Anmuth und Herzensgüte gleich ausgezeichnet, rastet die segnende Hand der hohen Frau nie, fremde Noth zu lindern und auch in die Hütte des Unglücklichen Trost und Freude zu bringen. In Schulen, in Anstalten für arme, hilflose Kinder, ja sogar in den Sälen der Krankenhäuser erscheint die geliebte Fürstin, um mit königlicher Großmuth zu beglücken.

Möge der allgütige Gott uns das hochverehrte Herrscherpaar, umstrahlt von den Segnungen des

Friedens, noch recht lange erhalten zum Heile und zum Ruhme unsers Vaterlandes! —

An der Ostseite Münchens rauscht die Isar und trennt die Stadt von den Vorstädten Au, Haidhausen und Giesing.

In zahlreichen Kanälen eilt das Wasser des Flusses nach allen Richtungen durch München, wodurch Reinlichkeit und Gesundheit nicht wenig gefördert werden. Die Isar hat ihre Quelle, wie alle Flüsse des südlichen Bayerns, in den Felsenschluchten der mächtig aufsteigenden Alpenkette. Dieses gewaltige Gebirge, das den ganzen Süden unseres Vaterlandes begränzt, schickt sein Gewässer nach Norden, der Donau zu. Den Lauf der Isar verfolgend, sehen wir, daß auch sie von dem nämlichen Strome verschlungen wird. Die Abflüsse unserer herrlichen Landseen, die theils in den Alpen, theils am Fuße derselben als wahre Perlen der Natur von paradiesischen Landschaften umrahmt das Auge entzücken, eilen mit andern Gewässern sich vereinigend ebenfalls hinab zum Donaustrande und gehören sohin mit ihnen zum Stromgebiete der Donau.

A. Die Donau

ist der wichtigste Strom Bayerns und durchläuft das Land von Westen nach Osten.

Um an ihren Ursprung zu gelangen, müssen wir unsere Wanderung westlich richten. Die bayerische Grenze überschreitend kommen wir nach Württemberg, einem Königreiche, dann durch die nun preußischen Fürstenthümer Hohenzollern in das Großherzogthum Baden und hier, in dem düstern Schwarzwaldgebirge, berühmt wegen des gutmüthigen, rührigen Völkleins, das jährlich viele Tausende der sogenannten Schwarzwälderuhren in die halbe Welt versendet, finden wir die beiden Quellen der Donau Brigach und Brege.

Sie, nach der Wolga der mächtigste Strom Europa's, betritt Bayern bei dem Dorfe

Neu-Ulm. Dieser Ort ist durch eine herrliche Brücke mit der württembergischen Stadt und deutschen Bundesfestung Ulm verbunden. Von hier an wird es auf der Donau lebhaft; denn erstarkt durch den Einfluß der Iller ist sie schiffbar.

Sie eilt nun zwischen sanften Höhen an den alten, aber freundlichen Städtchen **Untergünzburg, Lauingen** und **Dillingen,** sämmtlich römischen Ursprungs, vorüber und erreicht **Höchstädt.**

In der Nähe dieser Stadt ging es im vorigen Jahrhundert ein Paarmal recht blutig herunter. Kaiser Joseph I. von Oesterreich vergaß alle frühern Dienste des bayerischen Kurfürsten Max Emanuel und überzog unser Vaterland wegen Erbschaftsansprüche auf den spanischen Thron mit Krieg (spanischer Erbfolgekrieg). (Siehe Martinswand.) Die meisten deutschen Fürsten hielten zum Kaiser; Max Emanuel verband sich mit den Franzosen und schlug 1703 die Oesterreicher bei Höchstädt so, daß ganz Altbayern von den Feinden befreit wurde.

Leider sollte aber schon mit dem nächsten Jahre

das Kriegsglück von Bayern weichen und namenloses Unglück hereinbrechen.

Die Oesterreicher unter dem berühmten Feldherrn Prinz Eugen von Savoyen vereinigten sich 1704 mit den Engländern. Sie griffen, wieder bei Höchstädt, das bayerisch-französische Heer an und brachten ihm eine blutige Niederlage bei.

Die Bayern hatten, würdig des Ruhmes ihrer Vorfahren, wie Löwen gefochten und schlugen viele Angriffe zurück, so, daß sie bereits ihren Sieg verfolgen wollten; allein der französische General Tallard, der mit stolzem Uebermuthe seine Soldaten „die unüberwindlichen Haustruppen seines Königs" nannte, ließ sich mit 15,000 Franzosen bei dem Dorfe Blindheim ohne Schwertstreich auf eine schmähliche Weise gefangen nehmen.

Nach diesem unglücklichen Tage blieb dem Kurfürsten nichts übrig als die Flucht. Hinter ihm rauchten die Hütten seiner schuldlosen Unterthanen und der Wiederschein der Mordfeuer beleuchtete ihm den Weg aus seinem Lande.

Max Emanuel begab sich nach Brüssel, wo er 10 Jahre als Statthalter der französischen Niederlande lebte, während welcher Zeit die Oesterreicher mit türkischer Grausamkeit in Bayern wütheten.

Verlassen wir einen Ort, der uns an so düstere Begebenheiten erinnert und folgen wir dem Laufe des Stromes und wir kommen nach

Donauwörth. Hier sehen wir die herrlichen Gebäude der aufgelösten Benediktiner-Abtei zum hl. Kreuz. In der uralten Frauenkapelle ist das Grab der unglücklichen Maria von Brabant, Gemahlin Ludwig des Strengen. Dieser Herzog war in der Pfalz beschäftigt, während seine Gemahlin in Donauwörth verweilte. Weil er aber so lange in der Ferne blieb, so bat ihn Maria in einem Briefe um baldige Heimkehr. Auch dem Feldhauptmanne, der bei dem Herzoge viel vermochte, schrieb sie, ihre Bitte zu unterstützen. Der Bote, des Lesens unkundig, verwechselte die Schreiben und Ludwig, nur Böses ahnend, rannte voll Wuth nach Donauwörth. Hier dachte Niemand an Arges. Ein Freudenruf ertönte durch die Hallen des Schlosses, als der Herzog unvermuthet nahte; aber, — welch ein Schreck! — Der zornglühende Fürst stieß dem Schloßvogte, der mit freudiger Hast die Thore öffnete, sein eigenes Schwert in die Brust; die geängstigten Edelfräulein stürzten von der Zinne des Thurmes und Maria von Brabant wurde ohne Verhör enthauptet, 1256. Bald kam die Unschuld der Unglücklichen an den Tag und nun glich der Schmerz des Herzogs der früheren Wuth. Zur Sühne wallfahrtete er nach Rom und stiftete das Kloster Fürstenfeld, das wir am Amperflusse, nicht ferne von München, finden werden. Wegen dieser That und namentlich wegen seiner seltenen Gerechtigkeitsliebe erhielt Ludwig II. den Namen „der Strenge."

Donauwörth war ehemals eine Reichsstadt, wurde aber wegen des Tumultes der Protestanten gegen eine katholische Prozession in die Acht erklärt, welche Herzog Maximilian von Bayern 1607 vollzog. Donauwörth hatte aufgehört Reichsstadt zu sein und blieb, nachdem sie die hohen Kriegskosten nicht bezahlen konnte, für immer bayerisch. Dieser Vorfall erfüllte die Protestanten mit Groll gegen die Katholiken, so daß sie einen Verein, Union genannt, unter dem Kurfürsten Friedrich IV. von der Pfalz am Rheine schloßen. Diesem Bündnisse setzten die Katholiken unter Maximilian von Bayern den hl. Bund, Liga, entgegen, 1610, und damit war der Keim zu dem unseligen breißigjährigen Krieg, 1618—1648, gelegt.

Unfern der Stadt Donauwörth erhebt sich der **Schellenberg**. Hier unterlagen 1704 die Bayern kurz vor der unglücklichen Schlacht bei Höchstädt der an Zahl weit überlegenen Heeresmasse, hatten aber durch ihren bewundernswerthen Muth so viele Feinde erschlagen, daß der Anführer der Reichstruppen ausrief: „So möchte ich lieber der Ueberwundene, als der Ueberwinder sein!"

Welch' herrliches Zeugniß bayerischer Tapferkeit aus dem Munde des Feindes!

Von Donauwörth geht unsere Reise lustig weiter; denn der Strom ist bereits so wasserreich, daß Dampfschiffe den Verkehr erleichtern und beschleunigen.

Zwischen anmuthigen Höhen kommen wir zur Stadt **Neuburg** (Appellationsgericht), die mit dem stolzen Schlosse der ehemaligen Herzoge von Neuburg gar schön auf einem Hügel prangt.

Nicht fern von hier breitet sich gegen Süden eine große Ebene aus, nämlich das Donaumoos. Vor 50 Jahren noch ein Sumpfmoor, ist es jetzt größtentheils trocken gelegt und von zahlreichen Colonisten bewohnt. Kurfürst Karl Theodor und König Max I.

verwendeten mit väterlicher Fürsorge ungeheure Summen auf die Urbarmachung.

Das schnelle Fahrzeug bringt uns nun an die Mauern der noch nie überwältigten Festung

Ingolstadt. Am Thore erblicken wir einen feuerspeienden Panther als Wappen, welches die Bürger Ingolstadts als besondere Auszeichnung für ihre Tapferkeit in der Schlacht bei Gammelsdorf, 1313, von Ludwig dem Bayer erhielten.

Ingolstadt ist jetzt nur eine Landstadt; früher war sie herzogliche Residenz und Sitz der Landesuniversität.

Herzog Stephan II. mit der Hafte hatte drei Söhne, Stephan III., Friedrich und Johann. Diese theilten 1392 das Land. Stephan III. residirte in Ingolstadt. Von ihm hat uns die Geschichte so merkwürdige Worte aufbewahrt, daß sie jeder Bayer mit Stolz in seinem Gedächtnisse bewahren soll. Stephan machte einen Kriegszug nach Italien. Die italienischen Fürsten fürchteten von ihren eigenen Völkern von allen Seiten Verrath und Tod. Da sprach Stephan mit edlem Stolze zu den Geängstigten: „Ich wüßte in meinen bayerischen Landen keinen Unterthanen, in dessen Schooß ich mich nicht sicher zu schlafen getraute!"

Mit Ludwig dem Gebarteten erlosch diese Nebenlinie und Ingolstadt kam zu Landshut und später wieder zu München.

Die Universität in Ingolstadt wurde von Herzog Ludwig dem Reichen in Landshut gegründet. Durch diese hohe Schule trat das Heiligthum der Wissenschaft, das bisher nur in den stillen Klosterzellen zu finden war, auch in's öffentliche Leben ein. Diese Universität wanderte 1800 nach Landshut und 1826 nach München.

Auch der Kriegslärm erschreckte gar oft die Bewohner Ingolstadts und der Umgegend. Während des dreißigjährigen Krieges waren die Protestanten in sehr mißlicher Lage. Tilly, der Feldherr für die katholische Sache, gewann Schlacht um Schlacht und sein Name wurde von den Anhängern Luther's mit Zittern genannt. Da riefen die Bedrängten Gustav Adolph, König von Schweden, zu Hilfe. Er erschien 1630 mit 15,000 Mann. Anfangs fürchtete ihn Niemand und man nannte ihn spottweise den Schneekönig. Aber binnen wenigen Monaten hatte Gustav ein gewaltiges Heer und schlug unweit Leipzig 1631 Tilly, den Sieger in 36 Schlachten. Gleich einem reißenden Strome überschwemmten nun die Schweden Deutschland. Plötzlich erschien Gustav Adolph mit 40,000 Mann vor Donauwörth. Bald fiel die Stadt der Uebermacht und die Feinde zogen an den Lech. Hier stand nicht weit von der Mündung des Leches in die Donau bei dem Städtchen Rain der greise Feldherr Tilly. Es kam wegen des Lechüberganges zu einem hartnäckigen Gefechte. Die Schweden schwammen durch den von Regengüssen hochgeschwollenen Fluß und setzten in 48 Stunden drei Brücken darüber. Das katholische Heer vertraute auf Tilly, der mit jugendlichem Feuer Alles selbst leitete. Plötzlich zerschmetterte ihm eine Kanonenkugel den rechten Schenkel und, des so erfahrenen Führers beraubt, fing das Kriegsvolk zu verzagen an. Der verwundete Held wurde nach Ingolstadt gebracht und Kurfürst Maximilian, der selbst im Lager war, zog mit dem Heere nach 1632.

Bald erschien der Schwedenkönig vor den Mauern Ingolstadts. Hier aber scheiterte das Glück seiner Waffen an der Festigkeit des Platzes, wie an dem Muthe der Besatzung. Der sterbende Tilly ermunterte das Heer zum beharrlichen Widerstande und das Kampfgetümmel und der Donner der Kanonen waren sein Sterbgeläute. Mit ihm endete der tüchtigste Feldherr der hl. Liga und der treueste Diener des Kurfürsten. Noch einige Zeit dauerte der Kampf so furchtbar, daß 4000 feindliche Leichen die Wälle der Festung bedeckten. Eine Kanonenkugel schlug dem Schwedenkönige das eigene Roß todt; da wurde die Belagerung aufgehoben. Gustav zog plündernd und zerstörend über Landshut und Freising nach München.

Im Jahre 1800 übergab Oesterreich die Festung Ingolstadt den Franzosen unter Moreau, ohne dem Kurfürsten von Bayern Kunde davon zu geben. Die Festungswerke wurden größtentheils zerstört; in unserer Zeit erstehen sie aber wieder in einem noch weit größeren Maßstabe und das Riesenwerk schreitet allmählig seiner Vollendung entgegen.

Weiter die Donau hinunter, an den uralten Orten **Vohburg** und **Pföring** vorüber, zeigen sich die uralten Gebäude des Klosters **Weltenburg,** schon von Thassilo II., dem letzten Herzoge aus dem Stamme der Agilolfinger, gestiftet. Hier zwängt sich der Strom durch eine schauerliche Felsenschlucht. Kahle, senkrechte

Steinmassen steigen zu beiden Seiten empor. Endlich wird die Gegend wieder freier; man athmet leichter beim Anblicke der heitern Landschaft, in welcher das lebhafte Städtchen **Kelheim** freundlich entgegenblickt. In der Nähe sind Steinbrüche, wo die Steine zu den sogenannten Kelheimer-Platten für Böden in Kirchen 2c. 2c. verarbeitet werden.

Auf dem nahen Michaelsberg erhebt sich die Ruhmeshalle, eine prachtvolle Rotunde, welche König Ludwig auf eigene Kosten erbauen läßt.

Kelheim verdankt seine Entstehung den Römern. Diese bauten hier große Vertheidigungswerke und unfern begann die sogenannte Teufelsmauer. Dieses Riesenwerk zog sich von der Donau und der Altmühl über Gunzenhausen bis an den Rhein hin über Berge und durch Thäler; nach einem Zwischenraum von 1000 Schritten findet man meistens Spuren starker Thürme. Aber wozu dieser Wunderbau?

Zur Zeit der Geburt Christi war fast die ganze Ländermasse, die wir jetzt Deutschland nennen, eine römische Provinz. Ueberall erhoben sich römische Colonien, die zum Schutze gegen den Andrang germanischer Völker mit festen Burgen versehen wurden. Daraus entstanden die blühendsten Städte, wie: Augsburg, Wien, Passau, Regensburg, Salzburg, Kempten, Bamberg u. v. a.

Die römischen Heere drangen immer weiter vor und schon schien es gewiß zu sein, daß Deutschland untergehen und die deutsche Zunge verstummen werde, — da siegte Hermann, der Cherusker Fürst, im Teutoburgerwalde 9 J. n. Chr. über die Fremdlinge und das schönste Heer des Kaisers Augustus wurde durch deutsche Tapferkeit vernichtet. Die zitternden Römer zogen sich zurück, behielten aber noch immer festen Fuß in Süddeutschland, auf der Nordseite der Alpen, weil die Deutschen nicht nur ihren Sieg nicht benützten, sondern sogar unter sich selbst in Zwistigkeit geriethen.

Das Land wurde von den Römern kultivirt und die öden Gegenden verwandelten sich in lachende Fluren. Handel und Gewerbe blühten auf, schöne breite Straßen, Römerstraßen, von welchen jetzt noch Spuren vorhanden sind, durchkreuzten in möglichst gerader Richtung das Land und zum größern Schutze gegen Norden wurden die Grenzfestungen durch die 18 Fuß dicke Teufelsmauer verbunden. Der gemeine Mann, dem dieses Riesenwerk weit über die damalige Kunstkraft des Menschen hinausging, machte den Teufel zum Baumeister desselben und belegte es mit dem Namen der Teufelsmauer.

Kelheim ward von den Ahnen des Wittelsbachischen Hauses gern zum Aufenthalte gewählt und Herzog Ludwig I. bekam wegen seiner besonderen Vorliebe für diesen Ort sogar den Beinamen „der Kelheimer."

Dieser Fürst war mit den edelsten Regententugenden geschmückt. Unter ihm hob und verbesserte sich das Städtewesen und es entstanden Landshut, Dingolfing, Straubing und Landau. In damaliger Zeit waren die Handwerker größtentheils nur Knechte der Gutsbesitzer. Diese Knechte machten sich allmählig frei, zogen in die Städte und bildeten dort den Bürgerstand. Sie arbeiteten hier nach ihrem eigenen Geschmacke gegen Bezahlung, und Gewerbefleiß und Gewerbe hoben sich so, daß schon damals die Erzeugnisse der Bayern selbst vom Auslande geschätzt und gesucht wurden.

Die Städte hatten auch das Gute, daß sie den Angriffen raubsüchtiger und fehdelustiger Ritter leichter Widerstand leisten konnten.

Ludwig der Kelheimer wurde von dem Kaiser mit der Pfalzgrafschaft am Rheine belehnt 1215. Die Pfalzgrafenwürde am Rheine war die erste und damit die Kurwürde, die Verwahrung der Reichskleinodien, die Reichsverwesung und der Besitz herrlicher Ländereien verbunden. Die Pfälzer wollten sich aber durchaus nicht unter Ludwig's Herrschaft fügen. Erst im Jahre 1225, als sich Otto der Erlauchte, ein Sohn Ludwig I., mit Agnes, der Tochter des geächteten Pfalzgrafen, vermählte, kam Bayern zum ruhigen Besitz dieses schönen Landes und es entstand das Sprichwort: Bayern und Pfalz, Gott erhalt's!

Herzog Ludwig I. nahm auf der Brücke zu Kelheim ein trauriges Ende. An einem Herbstabende lustwandelte er mit seinem Hofgeleite. Plötzlich näherte sich ihm ein Unbekannter mit einem Briefe. Während der Herzog arglos das Schreiben erbrach, stieß ihm der Bote einen Dolch durch den Hals. Die Begleiter des Fürsten säbelten den Mörder nieder und dadurch war alle Forschung nach dem Anstifter dieser ruchlosen That abgebrochen.

Von Kelheim den Strom hinab an der alten Burg Abbach vorüber winken bald die Thürme der ehrwürdigen Hauptstadt der Oberpfalz,

Regensburg.

Sie ist Sitz der Kreisregierung und eines Bischofes und liegt in einer der schönsten und fruchtbarsten Gegenden Deutschlands. Die Stadt mit ihren 23,000 Einwohnern besitzt viele Fabriken, treibt bedeutenden Schiffbau, Schifffahrt und lebhaften Handel und ist vermöge ihrer günstigen Lage im Vereinigungspunkte zahlreicher Verkehrswege der Hauptstapelplatz der Schifffahrt und des Handels für Bayern auf der Donau von Ulm bis Wien. Schöne, schattige Alleen und Gartenanlagen umschließen den südlichen Theil der Stadt. Hier erhebt sich das Monument des großen Kepplers, der 1630 starb.

Unter den Gebäuden behauptet die erste Stelle der herrliche Dom, ein Meisterwerk deutscher Baukunst und Steinbildnerei, dessen Anblick von Außen Ehrfurcht und Staunen und von Innen heilige Andacht einflößt. An der Vollendung der beiden Thürme wird eifrigst gearbeitet.

Ein merkwürdiges Gebäude ist das altehrwürdige Rathhaus mit seiner schaudererregenden Folterkammer, als ein trauriges Denkmal einer dem deutschen Volke aufgedrungenen Rechtspflege. Bei dem Anblicke dieser Schreckenswerkzeuge kann man nur der Vorsehung danken, daß bis zur Gegenwart die Rechtsgesetze unter weisen und gewissenhaften Fürsten zu so hoher Vollkommenheit gediehen sind.

Regensburg ist eine uralte Stadt, römischen Ursprunges, und war in der Vorzeit die Residenz der bayerischen Herzoge und der deutschen Kaiser und bis

1806 Sitz der deutschen Reichsversammlung. Früher freie Reichsstadt, kam sie 1810 an die Krone Bayerns.

Die Römer behaupteten beinahe 500 Jahre lang ihre Herrschaft in unserm Vaterlande. Im J. 476 n. Chr. wurde ihre Macht gebrochen und die Bojoarier kamen unter die Botmäßigkeit der Ostgothen und später unter die der Franken. Während der Kriege um Italien behauptete Niemand mit Nachdruck die Herrschaft. Diese Gelegenheit benützte das Volk, um sich einen eigenen Regenten zu wählen. Es versammelten sich die angesehensten und tapfersten Männer und bestimmten Garibald, aus einer der edelsten Familien entsprossen, zu ihrem Herzoge 555 n. Chr. Garibald I. wählte Regensburg zu seiner Residenz. Damit fängt Bayern an, in der Geschichte als selbstständiger Staat aufzutreten.

Garibald hatte eine Tochter Namens Theodellnde. Diese, schon Christin, wurde mit Autharius, König der Longobarden, verehelicht. Sie brachte ihren Gemahl von der Irrlehre zur rechtgläubigen Kirche zurück. Dafür weihte ihr Papst Gregor der Große ein Buch und schenkte ihr die berühmte eiserne Krone, den Hauptschmuck aller spätern Könige von Italien. Der innere Ring soll aus einem Nagel vom Kreuze Christi gefertigt sein. Dieses Kleinod wurde bisher in der Hauptkirche zu Monza bei Mailand in Oberitalien aufbewahrt. In neuester Zeit, 1859, wanderte der kostbare Schatz nach Wien, weil die Lombardei von Oesterreich an Sardinien abgetreten wurde.

Zur Zeit der Regierung Garibald I. waren die Bojer, wie fast alle Deutschen, noch ein rohes, der

Rauflust und dem Spiele ergebenes Volk. Sie waren Heiden, brachten sogar Menschenopfer und huldigten dem Aberglauben. Gastfreundschaft, Wahrheitsliebe und Treue (Ein Mann, ein Wort!) sind die wenigen Tugenden, welche sie zierten. Solche Menschen bedurften der sittlichen Bildung und vor Allem — einer Religion. Dieses sahen auch die Nachfolger Garibald's wohl ein und thaten deßwegen Alles, um die Ausbreitung und Befestigung der christlichen Lehre zu befördern. Es wurden Glaubensboten nach Bayern berufen, die sich durch ihren Eifer und ihre Selbstaufopferung unsterbliche Verdienste erwarben. So erschienen Eustasius und Agilus und unter Herzog Theodo kam St. Emeram. Drei Jahre spendete Letzterer in unserm Vaterlande die himmlische Lehre; da wurde er auf einer Pilgerfahrt nach Rom wegen falschen Verdachtes zu Helfendorf bei München von Lampert, dem Sohn des Herzogs, grausam ermordet. Seine hochverehrten Reliquien wurden feierlichst nach Regensburg gebracht und über seinem Grabe erhob sich die St. Emeramskirche mit herrlichen Klostergebäuden. Letztere bilden gegenwärtig nach vielen Veränderungen die Residenz des Fürsten von Thurn und Taxis.

Unter Herzog Theodo II. verkündete der heil. Rupert, Bischof von Worms, mit großer Kraft Gottes Wort und taufte am Donaustrande vor den Thoren Regensburgs den Herzog mit seinen Söhnen, den ganzen Hofstaat und unzählige Freie und Knechte. Theodo II. schenkte dem Gottesmanne das zerstörte Salzburg und bald erhoben sich Kirche und Kloster in dem freundlichen Thale; Salzburg wuchs wieder zur Stadt empor und wurde und blieb der Sitz eines bischöflichen Stuhles.

Eine eigentliche kirchliche Verfassung und Eintheilung erhielt das Land unter Herzog Odilo, durch den heil. Bonifazius 739. Dieser, wegen seiner hohen Verdienste der Apostel der Deutschen genannt, theilte das eigentliche Bayern in die vier Bisthümer: Salzburg, Regensburg, Freising und Passau. Augsburg und Neuburg hatten damals schon Bischöfe; doch kam Neuburg bald zur Diöcese Augsburg.

Auf diese Weise verbreitete sich das Licht der christlichen Religion über ganz Bayern. Unter der Regierung der Agilolfinger erhoben sich auch die Klöster: Ober- und Niederaltaich, Benediktbeuren, Herrn- und Frauen-Chiemsee, St. Emeram in Regensburg, Ottobeuren, Polling, Schäftlarn, Tegernsee, Thierhaupten, Weihenstephan, Weltenburg, Wessobrunn 2c. 2c.

Der letzte Herzog aus dem Stamme der Agilolfinger war Tassilo II. Bei dem Tode des Vaters erst fünf Jahre alt, wurde er am fränkischen Hofe mit den Söhnen Pipins, Karlmann und Karl, später der Große genannt, erzogen. Schon in seinem fünfzehnten Jahre nöthigte man ihn zur Ablegung eines Lehenseides zu Gunsten der fränkischen Herrscher. Er verließ jedoch heimlich das fränkische Heer, kam nach Bayern, trat die Regierung an und verfuhr wie ein unbeschränkter Regent. So lange Pipin lebte, war kein Hinderniß; sobald aber

Karl der Große auf den fränkischen Thron kam, forderte er von Tassilo neuerdings den Lehenseid. Tassilo leistete ihn zwar, brach ihn aber und berief sogar die Avaren gegen Karl zu Hilfe. Für diese Untreue wurde Bayerns Herzog von der nach Ingelheim berufenen Reichsversammlung zum Tode verurtheilt. Karl schenkte dem Unglücklichen zwar das Leben, ließ aber ihn, seine Gemahlin und seine Kinder in verschiedene Klöster sperren. Der tiefgebeugte Tassilo empfahl seine Kinder der Großmuth Karl's; die Geschichte hat uns über das Schicksal derselben nichts Gewisses aufbewahrt.

Mit Tassilo II. erlosch 788 der agilolfingische Regentenstamm, der 234 Jahre so ruhmvoll über Bayern geherrscht hatte. Bayern wurde nun eine Provinz des großen Frankenreiches unter der Regierung eines von Karl dem Großen bestellten Statthalters.

Wandern wir von Regensburg zur Vorstadt **Stadtamhof,** so kommen wir zu einem Riesenbau, der einst von nah und fern als ein Wunder der Kunst gepriesen wurde. Es ist dieses die auf 15 Bogen ruhende steinerne Donaubrücke. Der Schöpfer derselben ist Heinrich der Stolze aus dem Stamme der Welfen 1135. Dieser Fürst, von hohem Muthe beseelt, war es auch, der die Raubritter bestrafte und ihre Felsenburgen zerstörte.

Aus seiner Regierungszeit hat uns die Geschichte einen gar schönen Zug bayerischer Fürstenliebe aufbewahrt.

Heinrich der Stolze war genöthiget, den bamaligen Bischof zu Regensburg wegen Mißhandlung des Klosters St. Emeram zu züchtigen. Dieß gethan, machte der Herzog mit einem kleinen Gefolge eine Reise nach Oberbayern, dem unwegsamen, waldigen Isarthale hinan. Des bestraften Bischofs erzürnter Vater, Graf zu Wolfratshausen, hörte von diesem Ausfluge und lauerte auf Heinrich, um ihn zu fangen und sich zu rächen. Der Wegelagerer kannte des Herzogs Roß; aber ein treuer Diener des Fürsten, die Gefahr ahnend, wechselte schnell die Kleider und das Pferd des geliebten Herrn und opferte sein Leben. Heinrich der Stolze entkam der Gefahr.

Das Jahr 1809 war für Regensburg ein blutiges. Die Oesterreicher waren nach der Schlacht bei Eckmühl im Besitze der Stadt. Die Franzosen beschossen und erstürmten sie in wenig Stunden. Die Besiegten flohen mit großem Verluste und zündeten, um die nachsetzenden Franzosen aufzuhalten, Stadtamhof an.

Verlassen wir die alte Hauptstadt Bayerns und nur kurze Zeit, da erhebt sich auf einem Hügel des linken Donauufers bei Donaustauf der Riesenbau der majestätischen **Walhalla**, ein Werk Königs Ludwig I. In diesem Tempel deutscher Ehre sind nach Auswahl des kgl. Bauherrn die Büsten jener deutschen Männer und Frauen aufgestellt, die sich um das Wohl des Vaterlandes ganz besonders verdient gemacht haben.

Mit dem Worte Walhalla bezeichneten die alten, heidnischen Germanen den Himmel für die im Kampfe gegen die Feinde gefallenen Helden.

Den Lauf der Donau mit den vielen Krümmungen verfolgend, kommen wir nach

Straubing. Diese alte, wohlgebaute Stadt liegt in einer weiten, fruchtbaren Thalebene, der Kornkammer Bayerns, und ist berühmt wegen seiner großartigen Schrannen.

Das Schloß in Straubing bewohnte 1435 Herzog Albrecht III. mit seiner frommen Gemahlin Agnes Bernauer. Diese, eine Bürgerstochter aus Augsburg, war ebenso ausgezeichnet durch körperliche Schönheit, als durch den herrlichsten Tugendschmuck. Albrecht hatte Agnes heimlich geehelicht und lebte mit ihr glücklich auf dem Schlosse Vohburg. Aber nur wenige Jahre und der alte Vater, Herzog Ernst, erfuhr das Geheimniß. Wuthentbrannt ließ er in Abwesenheit Albrechts die unglückliche Frau gefangen nehmen, verurtheilen und durch Henkershand von der Brücke in Straubing in die Donau werfen. Das arme Opfer des Standesvorurtheils wurde hilferufend von den Wellen an's Ufer getrieben; da rannte ein Henkersknecht herbei und hielt mit einer Stange den Körper gewaltsam so lange unter das Wasser, bis die Lebenskraft erloschen war. Der Leichnam der Gemordeten liegt auf dem Peterskirchhofe und Herzog Ernst selbst erbaute, seine grausame That bereuend, ein Kirchlein über das Grab. Nach blutigem Kampfe versöhnte sich Albrecht mit seinem Vater. Zur Regierung gelangt, war es sein höchster Ruhm, die Unterthanen durch Frieden zu beglücken.

Es wurde ihm 1439 der böhmische Königsthron angetragen, obwohl ein Söhnlein von Kaiser Albrecht II.

am Leben war. Herzog Albrecht wies den Antrag der Gesandten mit den hochherzigen Worten zurück: "Für das Vertrauen, das ihr mir schenket, meinen Dank! Saget euren Landsleuten, daß es gegen die Denkart eines bayerischen Fürsten streitet, einem wehrlosen Knabe das väterliche Erbe zu entreißen. Gott und die Welt würden eine solche That verdammen; denn hassenswerth ist der, welcher Wittwen und Waisen beraubt!"

Albrecht hemmte den Unfug des Faustrechtes, beförderte Künste und Wissenschaften und drang vor Allem auf Religiosität und Sittlichkeit; die Geschichte nennt ihn darum "den Frommen."

Straubing ist der Geburtsort des berühmten Optikers Fraunhofer. In seiner frühen Jugend verlor dieser die Eltern und kam als armer Glaserlehrling nach München. Es war im Jahre 1801, als der Jammerruf durch die Straßen der Hauptstadt erscholl: "Das Glaserhaus im Thiereckgäßchen ist eingestürzt und mehrere Menschen liegen unter den Trümmern!" Da nahte sich mitten unter dem Volke der menschenfreundliche Kurfürst Maximilian, später König Max I, dem Unglücksorte. Er, der überall hilfreich tröstend und ermunternd war, wo ein Unfall sich ereignete, der war es auch da, der zur Rettung aneiferte und selber half. Durch solches Beispiel angefeuert entstieg dem Schutte der Glaserlehrling Fraunhofer, wie durch ein Wunder gerettet. Der edle Fürst nahm sich des armen Waisenknaben an und aus ihm ist jener große Mann geworden, der durch die Erfindung der Riesenfernröhre uns die Gestirne des Himmels näher gerückt hat.

Um sein Andenken zu ehren, wurde die südliche Verbindungslinie Münchens mit der Vorstadt Au „Fraunhoferstraße" genannt. Das Geburtshaus des berühmten Mannes bezeichnet eine Steintafel.

Von Straubing kommen wir an dem einst so berühmten Kloster **Ober-Altaich** vorbei nach **Bogen**. Weithin ist die berühmte Wallfahrtskirche auf dem Bogenberge sichtbar; die Aussicht dort ist überraschend. Im Süden breitet sich die so sehr gesegnete Ebene aus, im Norden erheben sich in sanften Formen längs der Donau die Höhenzüge des bayerischen Waldes.

Nun gelangt man zu der alten, jetzt wiederhergestellten Benediktiner-Abtei **Metten**.

An der herrlich gelegenen Stadt **Deggendorf**, dem alten Benediktinerkloster **Niederaltaich** und den getreidereichen Gegenden von **Osterhofen** und **Vilshofen** vorüber erreichen wir

Passau. Appellationsgericht, Sitz eines Bischofes. Diese Stadt mit 10,000 Einw. am Zusammenflusse des Innes und der Ilz mit der Donau erfreut sich einer äußerst malerischen Lage. Unter den Gebäuden sind der majestätische Dom und die Feste Oberhaus mit ihrem Zeughause bemerkenswerth.

Von dem Aufenthalte der Römer hat Passau viele Denkmäler; am lautesten verkünden dieß die riesenhaften Ueberreste der Schutzmauer jener Zeit, die Römer-Wehr genannt.

Das erste Licht des christlichen Glaubens erhielt die Stadt durch den hl. Severin. Dieser hochverdiente Mann kam um die Mitte des fünften Jahrhunderts nach Bayern. Ueberall war er den bedrängten

Christen ein tröstender, schützender Engel. Er errichtete in Passau ein Kloster und jetzt noch zeigt man ein Kirchlein, das ihm seine Entstehung verdanken soll.

Oestlich von Passau, bei **Obern- oder Hafnerzell,** berühmt durch Schmelztiegelfabrikation, verläßt die Donau, durch viele Zuflüsse zum mächtigen Strome herangewachsen, unser Vaterland. Sie fließt durch Oesterreich, Ungarn und die Türkei und ergießt sich mit einer gewaltigen Wassermasse in mehreren Armen in das schwarze Meer. In Beziehung auf die Beschaffenheit des Fahrwassers läßt sie noch viel zu wünschen übrig; weßhalb der Handel auf ihr noch lange nicht von der Wichtigkeit ist, wie er vermöge der Fruchtbarkeit der umliegenden Länder und der Größe des Stromes sein könnte.

Nachdem wir die Donau kennen gelernt haben, so wollen wir auch die Zuflüsse betrachten, welche ihr an beiden Ufern zueilen und zu diesem Zwecke bis an die westliche Grenze Bayerns zurückkehren.

Hauptnebenflüsse der Donau
von der südlichen oder rechten Seite.

Zuerst begegnen wir der Iller, die ihre Quellen, wie alle Nebenflüsse von dieser Seite, in den Alpen hat. Der im bayerischen Gebiete liegende Theil dieser ungeheuren Gebirgskette hat je nach seiner Lage dreierlei Namen: von der Südwestgrenze des Landes bis zum Lech Allgäuer, vom Lech bis zum Inn Bayerische, und von da bis zur Salzach Salzburger Alpen.

Die Iller entspringt an der südlichsten Spitze des Regierungsbezirkes Schwaben und Neuburg im

Allgäu aus drei Quellen, der **Breitach**, **Stillach** und **Trettach**.

In dem schönen Allgäu mit seinen reizenden Thälern und biedern Bewohnern steigen gewaltige Bergriesen empor, als: der Hochvogel, die Mädele Gabel und der Hoheneiser, sämmtlich über 8000' hoch.

Südlich von dem Markte **Oberstdorf** vereinigen sich die Illerquellen. Dem Laufe des Flusses folgend erreicht man den Markt **Sonthofen**. Unweit erhebt sich der Grünten gegen 6000' hoch mit entzückender Fernsicht. Zur Bequemlichkeit seiner Besteiger trägt der Berg auf seinem Rücken seit neuerer Zeit ein wohleingerichtetes Gasthaus.

Am Fuße des Grünten sind Eisengruben und in Sonthofen befindet sich die k. Eisenschmelz.

Weiterhin kommt man zu dem freundlich gelegenen Städtchen **Immenstadt** mit dem nahen, ungemein anmuthigen Alpsee.

Noch mehr nördlich gelangen wir zu dem Hauptorte des Allgäues, zur Stadt

Kempten. Hier wird die Iller floßbar und der Handel mit Holz, Brettern und Käse ist lebhaft und erstreckt sich bis in ferne Länder.

Die Stadt ist römischen Ursprunges, wovon die Ueberreste römischer Mauern und Thürme (die Burghalde) jetzt noch zeugen.

Die erste Morgenröthe des christlichen Glaubens erschien den Bewohnern des Allgäues durch die Ankunft des hl. Kolumban aus Irland. Ihm folgten mit bewundernswerthem Eifer die heil. Gallus,

Magnus und Theodor, welche wegen ihrer außerordentlichen Verdienste die Apostel des Allgäus heißen. Der hl. Magnus zog noch weiter bis an den Lech und gründete in Füssen ein Kloster.

Kempten war früher der Sitz mächtiger Fürst-Aebte, die einen großen Theil der umliegenden, herrlichen Ländereien besaßen. Hildegard, Gemahlin Karl des Großen, ist die Gründerin des berühmten Stiftes. Im Jahre 1802 kamen Abtei und Stadt an die Krone Bayerns. In der Nähe befindet sich der große Kemptnerwald, welcher aber in unserer Zeit bedeutend gelichtet ist.

Nordwestlich von Kempten bildet die Iller die Grenze zwischen Bayern und Württemberg. Ungefähr 1 Stunde vom rechten Ufer des Flusses liegt die alte Reichsstadt **Memmingen**. Sie hat mehrere Fabriken und treibt starken Handel. Die Iller vereiniget sich oberhalb Ulm mit der Donau.

Kleinere Flüsse, welche der Donau zueilen, sind:

Die Günz. An ihr liegt nur die ehemalige Benediktiner-Abtei, nun Priorat **Ottobeuern**. Die prachtvolle Kirche mit einer berühmten Orgel (77 Register und 4 Tastaturen) ist eine wahre Perle von Schwaben.

Die Mindel bildet ein gar freundliches Thal. An ihr liegt das hübsche Städtchen **Mindelheim** und die aufgelöste Reichsabtei **Ursberg** mit ihren großartigen Gebäuden.

Die Zusam und Schmutter überschritten kommen wir zu einem gar wilden Gesellen von einem Gebirgsflusse,

dem Lech. Bei hoher Wasserfluth wird er wegen

seines starken Gefälles oft verderbenbringend für die Bewohner seiner Ufer. Er entspringt in Vorarlberg, bildet an der Grenze einen hübschen Wasserfall und zwängt sich durch eine schauerliche Felsenschlucht in unser Vaterland zum Städtchen

Füssen. Hier befindet sich die aufgelöste Benediktiner-Abtei St. Mang mit einer prächtigen Kirche und den hochverehrten Gebeinen des hl. Magnus.

Der Ort wurde von den Römern gegründet am Fuße eines Hügels, auf welchem eine umfangreiche Burg mit Thürmen und Erkern gar stolz vom hohen Felsen niederschaut. Geschichtliche Bedeutung erhielt dieses Bergschloß durch den in seinen weiten Räumen 1745 zwischen Bayern und Oesterreich abgeschlossenen Frieden, der den österreichischen Erbfolgekrieg beendete.

Karl Albert, Sohn und Nachfolger Max Emanuels, leistete dem Hause Oesterreich, trotz der unaussprechlichen Leiden, die es über Bayern gebracht hatte, dennoch große Dienste im Kampfe gegen die Türken. Wohl mag es sein, daß die Hoffnung, selbst bald Herr von Oesterreich zu werden, ihn dazu bewog.

Kaiser Karl VI. von Oesterreich hatte keinen Sohn; darum konnte Karl Albert, von einer österreichischen Prinzessin abstammend, gegründete Ansprüche auf das Reich machen. Karl VI. bereitelte aber die hochstrebenden Hoffnungen des Kurfürsten, indem er seine Tochter Maria Theresia zur Erbin sämmtlicher Staaten einsetzte.

Demungeachtet rüstete Albert nach Karl's Tod, von Frankreich ermuntert und unterstützt, sein Heer und nahm Oberösterreich in Besitz. Der Weg nach Wien stand offen vor Albert. Hätte er die Hauptstadt des Kaiserreiches genommen, wie Alles erwartete, Oesterreichs Kraft wäre in der Wurzel gebrochen gewesen; aber schlecht berathen, nahm er Böhmen und ließ sich in Frankfurt als Karl VII. zum deutschen Kaiser krönen 1742.

Während dieses vorging, suchte Maria Theresia Hilfe bei den Ungarn. Ihren sechsjährigen Sohn Joseph auf dem Arme trat sie in die Mitte der ungarischen Großen und erregte durch ihre Erscheinung und ihre Worte das Mitleid und den Muth der tapfern Versammlung.

Schnell standen die Ungarn unter den Waffen. Bayern wurde von den nie gesehenen Horden der Panduren, Kroaten und andern wilden Haufen überschwemmt und alle Schrecknisse des dreißigjährigen Krieges erneuerten sich. Selbst München kam in die Gewalt der Feinde. Der greise Feldherr Seckendorf befreite das Land und führte den Kaiser in die Hauptstadt zurück. Hier grüßte ihn wieder die nie ersterbende Liebe seiner Bayern und er wurde empfangen nicht wie ein Ueberwundener, sondern wie ein Sieger. Nach einem unglücklichen Treffen mußte Karl Albert abermals fliehen. Die Oesterreicher überschwemmten Bayern zum Zweitenmale. Endlich schritt Seckendorf wieder siegreich über Donauwörth und Friedberg nach München. Dem Heereszuge folgte der kränkelnde Kaiser. Nur wenige Monate verlebte er in der Mitte seines lieben Volkes, da trat der Tod an das Krankenbett Albert's und drückte dem

Lebensmüden freundlich die Augen zu 1745. Oft hatte er ausgerufen: „Mich wird das Unglück nicht verlassen, bis ich es verlasse!" Dem Tode nahe sprach er: „Ich sehe meinem Ende getrost entgegen; denn es ist das einzige Mittel Deutschland und meinem lieben Bayern die Ruhe wieder zu geben!"

Albert wurde mit dem Gepränge, das ihm als Kaiser gebührte, begraben. Wohl selten mag die düstere Pracht eines Leichenzuges so lebendig die Gefühle von der Eitelkeit irdischen Glanzes erregt haben.

Dem Entschlafenen folgte sein Sohn Maximilian Joseph III. Das Herz brannte ihm von zärtlicher Liebe für sein Volk und er wollte nur dessen Glück begründen. Er sah wohl ein, daß in gegenwärtiger Lage, von den ränkevollen Franzosen verlassen, nicht zu hoffen war, die Erbrechte gegen die Uebermacht der Erzherzogin Maria Theresia geltend zu machen; darum bot er die Hand zur Versöhnung. In dem Schlosse zu Füssen entsagte Max allen Ansprüchen auf die österreichischen Erblande und der Friede wurde unterzeichnet.

Die biedern Bewohner Füssens werden es nicht verargen, wenn ich gleich hier von einem der edelsten bayerischen Fürsten noch mehr erzähle, obgleich es nicht mehr mit ihrem freundlichen Wohnorte in Verbindung steht.

Nach geschlossenem Frieden war es Maximilians einziges Streben, sein Volk glücklich zu machen. Die Schulen wurden verbessert, die Akademie der Wissenschaften in München gegründet und die Rechtspflege gehoben. Für Letztere erwarb sich Frhr. v. Kreittmayr, der Verfasser von drei Gesetzbüchern, unsterbliche Verdienste. Die neueste Zeit ehrte diesen Mann durch ein Denkmal, das ihm auf dem Promenadeplatze in München errichtet wurde.

Wie die geistige Vereblung, so lag dem liebreichen Landesvater auch das leibliche Wohl seiner Unterthanen am Herzen. Am rührendsten zeigte sich seine Liebe zum Volke in den schrecklichen Theuerungsjahren von 1770—1773. Längere Zeit wurde dem edlen Fürsten die traurige Lage seiner Unterthanen so viel wie möglich verheimlicht. Eines Tages fuhr er aus dem Gottesdienste vom Herzogspitale nach Hause. Da umringte ein Haufen ausgezehrter Menschen seinen Wagen und weinend und mit aufgehobenen Händen schrien die Unglücklichen: „Hilfe, gnädigster Herr! Wir sind ohne Brod und sterben vor Hunger!"

Mit Entsetzen vernahm Max diese Worte. Der Anblick der Halbverhungerten rührte ihn zu Thränen; all sein Geld, das er bei sich hatte, gab er den Armen und rief: „Kinder, wie jammert ihr mich! Aber ihr sollt Brod haben und nicht vor Hunger sterben!" Der gute Fürst verwandelte sogleich alle seine Kostbarkeiten in Geld und ließ Getreide aus Italien bringen, um seine hungernden Unterthanen zu sättigen.

Dreißig Jahre des Friedens hatte Max über Bayern geherrscht und überall begegneten ihm segnende und freudentrunkene Augen. Unnennbar war der Jammer des Volkes, als er, der herablassende Fürst, mit dem auch der geringste seiner Unterthanen wie ein Kind mit seinem Vater reden konnte, plötzlich auf das Krankenlager geworfen wurde. Die Kinderpocken verbreiteten sich über seinen Körper. Max hoffte Besserung und sprach: „In Bälde werde ich, zwar mit einem entstellten Gesichte, aber mit meinem alten Herzen ausgehen und meine lieben Landeskinder werden ihren Vater nicht mißkennen." Aber — es kam der Tod. Als er die Nähe desselben fühlte, nahm er Abschied von seiner Gemahlin und seufzte mit sterbenden Lippen: „Leb' wohl, ewig wohl, Liebe! Auch ihr, meine lieben Unterthanen, lebt wohl! Betet für mich; auch ich will euch Segen bei Gott erfleh'n!"

Am 30. Dez. 1777 hauchte der Vielgeliebte seinen Geist aus. Lautes Wehklagen erscholl im ganzen Lande. So allgemein ist vielleicht noch kein Fürst der Erde betrauert worden.

Maximilian starb kinderlos und mit ihm erlosch die Ludwigsche bayerische Linie der Wittelsbacher; das gesammte Land fiel darum an die Rudolphsche pfälzische Linie und zwar an **Karl Theodor**, Herzog in Sulzbach und Kurfürst in der Pfalz. Dadurch wurden Pfalz und Bayern, die in Folge des von Ludwig dem Bayer in Pavia 1329 abgeschlossenen Vertrages getrennt waren, nach 448 Jahren wieder vereiniget.

Nicht ganz eine Stunde von Füssen entfernt liegt auf hohem, bewaldeten Marmorfelskopf die k. Burg **Hohenschwangau**, früher Schwanstein genannt. Sowohl die innere, wie auch die äußere Ausstattung dieses Lustschlosses ist in jeder Hinsicht tadellos. Die ganze Umgebung ist reizend. Im Hintergrunde steigt der Säuling über 6000' empor; den Fuß dieses Berges bespült der freundliche Alpsee.

Von Füssen an bildet der Lech bis zu seiner Mündung größtentheils die Grenze zwischen Oberbayern und Schwaben. Seinem raschen Laufe folgend eilen wir an der alten, auf einem Hügel liegenden Stadt **Schongau** vorüber nach

Landsberg. Diese freundliche Stadt am rechten Lechufer ist reich an geschichtlichen Erinnerungen. Während des 30jährigen Krieges hat Landsberg außerordentlich viel gelitten. Bald von den Schweden, bald von den Kaiserlichen belagert, mußte es von Freund und Feind die härtesten Drangsale erfahren; aber auch unter den vielen Schlägen des Unglücks bewiesen die Bewohner stets große Aufopferung und Herzhaftigkeit. Der Monat Mai 1633 verhängte das Furchtbarste über Landsberg. Der schwedische Feldherr Torstensohn zog gegen die Stadt, die mit 400 Bayern besetzt war, und forderte Uebergabe. Da schworen die Bürger, bis auf den letzten Mann zu fechten. Heldenmüthig kämpften sie, bis sie nach einigen Tagen ohne Pulver waren. Dieß zwang sie, eine ehrenvolle Uebergabe zu begehren; aber Torstensohn, durch den bisher so muthigen Widerstand empört, forderte Ergebung auf Gnade und Ungnade. Dieß verweigerten die tapfern Landsberger und entschlossen sich zur Wehre bis auf den letzten Mann. Da brachen die schrecklichen Feinde während der Nacht in die Stadt, und Straßen, Kirchen und Häuser wurden zum Kampfplatze. Als die Besatzung niedergehauen war, wütheten die Schweden mit unmenschlicher Grausamkeit gegen Greise, Weiber und Kinder. Tugendhafte Jungfrauen flüchteten sich auf die Höhe des Berges und stürzten sich, um ehrlich zu sterben, über den Felsen hinab. Vier Tage dauerten Raub und Mord; dann wurde die Stadt in Brand gesteckt.

Von Landsberg bis Augsburg breitet sich längs des Lechflusses eine ungeheure Ebene aus, **das Lechfeld** genannt. Oft war dieser öde Landstrich der Schauplatz blutiger Kämpfe; das großartigste Ereigniß aber ist die Ungarnschlacht 955.

Die Ungarn, ein wilder Volksstamm an der untern Donau und der Theiß, machten oft verheerende Einfälle in Deutschland, namentlich in Bayern; mordend und plündernd brachten sie unsäglichen Jammer über unser Vaterland. Obwohl diese räuberischen Horden nur wenige Jahre vorher auf der Walserhaide am Traunflusse und in Kärnthen durch bayerische Tapferkeit gänzlich geschlagen wurden, so wagten sie doch einen neuen Gewaltsturm unter ihrem Könige Bulzko. Dieser übermüthige Barbar prahlte, daß seine Pferde alle Gewässer austrinken und ihre Hufe die Städte zertreten würden; daß er nur dann besiegbar wäre, wenn der Himmel über ihn einstürzen oder die Erde seine 100,000 Reiter verschlingen würde. Mit Sturmesgewalt brausten die Ungarn heran und in verzweiflungsvoller Angst flohen die Landbewohner in die Städte, um hinter den Mauern Schutz zu finden. Namentlich war Augsburg von Flüchtigen angefüllt und Schrecken und Verwirrung herrschte überall. Der hl. Bischof Ulrich brachte wieder Trost und Muth in die Gemüther und meldete dem Kaiser die Gefahr. Heldenmüthig hielt sich die Stadt gegen den furchtbaren Feind, bis Kaiser Otto I. mit einem

Heere aus allen deutschen Volksstämmen erschien. Die Bayern führte Graf Eberhard von Ebersberg, weil Herzog Heinrich I. in Regensburg krank lag.

Am rechten Lechufer an den Hügeln bei Mering hatten die Ungarn beim Erscheinen des deutschen Heeres festen Fuß gefaßt. Otto stand mit 50,000 Mann auf dem Lechfelde jenseits. Er hielt mit allen Kriegern Tags vor der Schlacht einen Fasttag und gelobte zu Ehren des hl. Laurentius, an dessen Festtag der Kampf vorfiel, ein Bisthum und eine Kirche zu Merseburg zu stiften. Vor seinen Truppen empfing der Kaiser das hl. Abendmahl und bat auf den Knien um des Himmels Beistand.

Am 10. August mit frühestem Morgen setzten die Ungarn über den Lech und stürzten mit gräßlichem Geschrei auf die Böhmen. Diese, wie auch ein großer Theil der Schwaben erlagen der Uebermacht. Nun rannten die Franken auf die Feinde und ihnen nach voll Kampfbegier die Bayern.

Fest standen die Deutschen Mann an Mann. Immer mehr drückten sie die Ungarn an den Rand des Flusses. Ueber Berge von Leichen drängten sie vorwärts; was nicht dem Mordstahle erlag, wurde in den Lech geworfen und sein Wasser schwoll von den todten Körpern hoch auf. Zwei Tage dauerte der mörderische Kampf und er ward für die Deutschen siegreich entschieden. Einige Haufen Flüchtlinge sammelten sich bei Thierhaupten weiter nördlich am rechten Lechufer. Dort wurden sie von den erbitterten Landleuten theils niedergehauen, theils in's Wasser geworfen. Der prahlerische König Bulzko büßte mit drei seiner ersten Heeresführer den Frevel auf dem Hochgerichte vor den Thoren Regensburgs.

Von dieser Zeit an zitterten die Ungarn vor dem deutschen Namen und unser Vaterland blieb von ferneren Einfällen befreit.

Am nördlichen Ende des Lechfeldes liegt auf einem Hügel die alte Stadt

Augsburg.

Sie ist der Sitz der Regierung und eines Bischofes und zählt gegen 40,000 Einwohner. Mit Mauern und Gräben umgeben ist sie im Innern eng und unregelmäßig, hat aber doch einige große, mit Springbrunnen gezierte öffentliche Plätze. Unter den Gebäuden zeichnet sich das Rathhaus aus, das für das schönste in Deutschland gilt. Augsburg ist eine der vornehmsten Handels= und Fabrikstädte; besonders wichtig sind die Wechselgeschäfte.

Die Stadt ist mit schönen Anlagen, Gärten und Alleen umgeben.

Den Grund zur Entstehung Augsburgs legte der römische Kaiser Augustus 12 J. v. Chr. durch den Bau eines befestigten Lagerplatzes. Der erste Morgenstrahl des Christenthumes drang mit dem heil. Narzissus und seinem Diakon Felix hieher. Sie bekehrten die Götzenpriesterin Afra, deren Mutter Hilaria und ihre Mägde und so sehr waren die Neubekehrten im Glauben erstarkt, daß sie mit freudiger Hingebung den Martyrertod in den Flammen erlitten 303 n. Chr.

Im fünften Jahrhundert zerstörten die Hunen die Stadt. Sie kam dann unter fränkische Herrschaft und wurde in dem Kriege zwischen Karl dem Großen und Herzog Tassilo von Bayern abermals verwüstet. Später unter den Herzogen von Schwaben kaufte sich Augsburg, durch Gewerbe und Handel reich geworden, los und erschien als freie Reichsstadt. Als solche erreichte sie den Gipfel ihres Wohlstandes. Berühmt sind die Namen der Welser und Fugger als der reichsten Kaufherrn in Augsburg, ja vielleicht der Welt. Jakob Fugger, der Reiche genannt, erbaute einen eigenen kleinen Stadttheil, die Fuggerei, aus 53 Häusern bestehend, in welchen unbemittelte Bürger gegen nicht nennenswerthe Bezahlung gesunde Wohnungen finden.

Der 30jährige Krieg brachte auch über Augsburg unsägliche Leiden. Als Gustav Adolph den bayerischen General Tilly bei Leipzig geschlagen hatte, da jubelte das ganze protestantische Deutschland dem vermeinten Retter entgegen. Gleich andern Städten öffnete ihm das auf seine Reichsfreiheit so stolze Augsburg die Thore, erkannte ihn als Herrn und König und schwur unbedingten Gehorsam. Aber schon im Jahre 1634, kurz nach der Schlacht bei Nördlingen, in welcher das schwedische Heer von den Bayern und Oesterreichern gänzlich geschlagen wurde, erschienen bayerische Truppen vor den Mauern Augsburgs. Sieben Monate wurde die Stadt belagert und über 60,000 Menschen kamen vor Hunger und Elend um. Endlich fiel sie in die Hände der Bayern. Von dieser Zeit an schien das Glück von der Stadt gewichen zu sein. Sie sank immer mehr und bis zum heutigen Tage zählt sie kaum die Hälfte ihrer ehemaligen Bewohnerzahl. Im Jahre 1801 kam Augsburg an

Bayern und das entflohene Glück scheint wieder, wenn auch langsam, einkehren zu wollen.

Eine Stunde östlich von hier liegt das Städtchen **Friedberg** auf einem Hügel; in dem dortigen befestigten Schlosse hielten sich häufig bayerische Herzoge auf.

Unterhalb Augsburg nimmt der Lech die im Allgäu entspringende **Wertach** auf. An ihr liegt die ehemalige Reichsstadt **Kaufbeuren** mit bedeutenden Fabriken.

Nördlich vom Städtchen Main vereiniget sich der Lech mit der Donau.

Wir kommen nun zu einem in Hinsicht auf Wasserreichthum unbedeutenden, aber in geschichtlicher Beziehung wichtigen Nebenfluß der Donau, zur **Paar**. Auf der Thalhöhe ihres rechten Ufers stund einst unfern des Städtchens **Aichach** die stattliche Burg **Wittelsbach**, das Stammschloß unsers erhabenen Königshauses.

Der Wohnsitz des ältesten fürstlichen Geschlechtes in Deutschland, der Scheyren, war die Burg Scheyern. Als Pfalzgraf Otto der III. von Scheyern sah, welch große Verdienste die Benediktiner sich für Verbreitung des Glaubens und der Landeskultur erwarben, schenkte er ihnen mit Beistimmung aller Mitglieder seines erlauchten Geschlechtes das umfangreiche Schloß Scheyern zu einem Kloster. Bei Aichach erhob sich aber stolz die neue Stammburg und die Scheyren nannten sich von dieser Zeit an Wittelsbacher.

Nach dem Absterben der Herzoge aus dem Stamme der Karolinger kam der Scheyre Arnulf, ein Sohn des tapfern im Kampfe gegen die Ungarn gefallenen

Markgrafen Luitpold auf den Thron Bayerns 911. Hatte schon er viele Bedrückungen und Verfolgungen zu erleiden, so wurden seine Nachkommen gänzlich von dem rechtlichen Besitze Bayerns verdrängt. Sie lebten, mit der Pfalzgrafenwürde bekleidet, ruhig aber im großen Ansehen auf dem Schlosse Scheyern. Oefters erhob sich das Volk zu ihren Gunsten, um fremde Herrschaft abzuwälzen, aber umsonst. Erst mit dem Jahre 1180 kam der alte, hochverehrte Stamm der Schyren wieder zur Regierung und jubelnd begrüßte das Volk nach länger als zweihundertjähriger fremder Herrschaft den neuen Herzog, einen Fürsten aus eigener Mitte.

Otto III., auch der Große genannt, ein Mann von seltener Geistesbildung, edlem Charakter und einem unerschrockenen Heldenmuthe, war der erste Wittelsbacher, der wieder den Thron Bayerns zierte.

Der damalige Kaiser Friedrich Barbarossa hatte für Otto III. wegen seines hervorragenden Muthes und seiner edlen Gesittung eine ganz besondere Vorliebe. Bei einem Kriegszuge nach Italien stellte Friedrich den tapfern Helden mit dem Reichsbanner an die Spitze des Heeres und in den Tagen der Gefahr bewies' Otto auch, daß ein Wittelsbacher dieser hohen Auszeichnung würdig sei.

Nachdem der Kaiser die widerspenstigen Städte Italiens zum Gehorsam gebracht hatte, trat er, mit der italienischen und Kaiserkrone geschmückt den Rückweg nach Deutschland an.

Zwischen Verona und Trient befinden sich die engen Pässe von Chiusa, wo die Straße sich zwischen steilen Felsenwänden und den wilden Fluthen der Etsch höchst gefahrvoll durchwindet. Als das deutsche Heer diese Stelle erreichte, wagte es Alberich, ein Edelmann aus Verona, mit einigen hundert Knechten den Durchgang zu wehren. Von schwindelnder Höhe wälzten die Verwegenen ungeheure Felsblöcke, die vernichteten, was sie bei ihrem Sturze berührten. Auf die Aufforderung des Kaisers, von diesem Frevel abzustehen, erhielt er von den Welschen die schmachvolle Antwort: Nur gegen Zurücklassung der Panzer und der Pferde werde der Durchgang geöffnet.

Ergrimmt von Scham und Aerger überschaute Friedrich die um ihn versammelten Feldherrn, als wollte er denjenigen suchen, der Deutschlands alten Ruhm zu retten wisse. Da fiel sein Blick auf den Wittelsbacher und der Kaiser sprach zu ihm die ernsten Worte: „An Euch ist's, Pfalzgraf, diese Schmach zu rächen!" Otto zögerte nicht, nahm 200 der muthigsten und des Bergsteigens kundige Krieger, erklomm zwischen unwegsamem Geklüft die Höhe von rückwärts und tödtete die Verwegenen theils mit dem Schwerte, theils ließ er sie in den Abgrund stürzen.

Vor dem ganzen Heere dankte Friedrich dem kühnen Helden und überall erschollen die ruhmvollen Worte: „Der Wittelsbacher hat die Ehre des Kaisers und des deutschen Volkes gerettet!"

Friedrich fand 25 Jahre später erwünschte Gelegenheit, Otto's Verdienste kaiserlich zu belohnen. Im Jahre 1180 erhielt Pfalzgraf Otto VI. von Wittelsbach, als Herzog III., Bayern zum Lohne für seine dem Kaiser und dem ganzen Reiche geleisteten Dienste.

Als Otto die Regierung antrat, war das unter dem Herzoge stehende Bayern ziemlich klein geworden. Die Grenzen des Landes waren im Norden die Altmühl in nordöstlicher Richtung bis an die Eger, gegen Osten Oesterreich, gegen Süden Tyrol, gegen Westen der Lech. Selbst in diesem kleinen Ueberreste des Landes hatten sich viele kleinere Staaten gebildet (9 Bischöfe und 30 Mark=, Gau= und Landgrafen), die sich wenig von dem Herzoge befehlen lassen wollten. Otto that Alles, um Ruhe und Ordnung im Innern zu erhalten und seine Unterthanen glücklich zu machen. Leider starb er schon im dritten Jahre seines kräftigen Wirkens und wurde im Kloster Scheyern begraben. Die Söhne des Kaisers begleiteten den Leichnam des hochverdienten Mannes zur ewigen Ruhe. Das ganze Land trauerte. Ihm folgte in der Regierung Ludwig der Kelheimer. Dieser hatte einen Vetter, Pfalzgrafen Otto VIII. von Wittelsbach, ein Mann von rauher, heftiger Gemüthsart. Der damalige Kaiser Philipp versprach dem tapfer kämpfenden Otto seine Tochter zur Gemahlin, hielt aber nicht Wort. Der auf diese Weise schon gereizte Pfalzgraf kam eines Tages zu dem Kaiser und bat um ein Empfehlungsschreiben an König Heinrich von Polen, weil er um die Tochter dieses Fürsten werben wolle. Philipp gab es ihm. Auf dem Wege hatte sich durch den starken Ritt das kaiserliche Siegel los gemacht. Otto ließ durch seinen Geheimschreiber das Schreiben vollends öffnen und vorlesen und vernahm das Gegentheil einer Empfehlung. Glühend vor Zorn und Rache eilte der Betrogene nach Bamberg, wo der

Kaiser sich eben aufhielt, stürzte mit dem Schwerte der Burgwache in das Gemach Philipp's, versetzte demselben eine tödtliche Wunde in den Hals und ritt davon.

Otto ward für seine schwarze That auf zwei Reichstagen seines Lebens und seiner Würden verlustig erklärt. Marschall Heinrich von Pappenheim tödtete ihn bei Abach an der Donau und warf den Kopf des Mörders in den Strom.

Aus Abscheu gegen die verruchte That ließ Ludwig der Kelheimer das Schloß des Verbrechers, die Stammburg Wittelsbach, von Grund aus zerstören. Dessen Stelle bezeichnen jetzt eine im hübschen Style erbaute weithin sichtbare Kirche und ein gothisches Denkmal aus Stein mit der Inschrift: "Seinem tausendjährigen Regentenstamme die treuen Bayern."

An der Paar liegt auch das Städtchen **Schrobenhausen**.

Unbedeutend als Nebenfluß ist auch die Ilm. An ihr liegt **Pfaffenhofen** mit dem nahen, ehemaligen Stammschlosse, jetzt Benediktinerkloster **Scheyern**.

Von Pfaffenhofen östlich bis gegen Moosburg an der Isar breitet sich ein fruchtbares Hügelland aus, die Hollebau genannt. Bekannt ist der vorzügliche Hopfen, der namentlich auf den Fluren des Marktes Wolnzach in vorzüglicher Güte gedeiht.

Nicht weit von dem Einflusse der kleinen Abens in die Donau liegt das Städtchen

Abensberg. Dieser Ort stellte der Jugend zu Nachahmung ein Muster auf, in dem klar zu ersehen ist, daß bei rechter Erziehung und einem rastlosen

Fleiße jeder Mensch, wenn auch nicht von vornehmer Abkunft, zu etwas Großem sich empor zu schwingen vermag.

Johann Thurmayr, später Aventin, war der Sohn eines einfachen Landwirthes zu Abensberg. Von einem ausgezeichneten Manne unterrichtet wuchs er heran zum Stolze seines Heimatortes und zum Nutzen des Vaterlandes. Als er die Schulen zu Paris, Krakau und Wien besucht hatte, kehrte er nach Ingolstadt zurück, wurde aber 1512 nach München berufen, um die Söhne des Herzogs Wilhelm IV. zu unterrichten. Später durchreiste Aventin auf Befehl des Fürsten das ganze Land, um Forschungen zu einer bayerischen Geschichte zu machen. Er erlangte als Geschichtschreiber eine solche Berühmtheit, daß man ihn den Vater der bayerischen Geschichte nennt. Der unsterbliche Mann ruht in der Kirche des hl. Emerams in Regensburg. Der einfache Grabstein befindet sich am Eingange in das Gotteshaus.

Das Jahr 1809 brachte den Fluren von Abensberg einen blutigen Tag.

Das deutsche Kaiserthum und die deutsche Reichsversammlung hatten sich 1806 aufgelöst. Es entstand leider ein gewaltiger Riß in den bisher so ruhmreichen und mächtigen deutschen Landen. Sechszehn Fürsten unseres großen Vaterlandes, darunter auch Bayerns König Max I., verbanden sich mit Frankreich, und errichteten unter dem Schutze Napoleon's I., des Kaisers der Franzosen, den sogenannten Rheinbund. Bayern wurde verpflichtet, in jedem Kriege des Bundes ober Frankreichs 30,000 Mann von allen Waffengattungen zu stellen.

In Folge dieser Bundesverpflichtung mußte Bayern am 20. April 1809 wiederholt gegen Oesterreich, also Deutsche gegen Deutsche, in's Feld ziehen.

Oesterreich glaubte, die Stunde der Befreiung vom französischen Joche habe geschlagen und kündigte, nachdem es ein Heer von 400,000 Mann auf die Beine gebracht hatte, Napoleon den Krieg an. Oesterreich hoffte auf die Erhebung aller deutschen Völker und erließ Aufrufe, das napoleonische Joch abzuwerfen. Die Furcht vor Napoleon war aber eine größere als der Haß und die Rheinbundesstaaten blieben bei dem Franzosenkaiser.

Die österreichischen Heeresmassen zogen ohne Hindernisse vom Inn bis an die Abens. Hier standen 30,000 Bayern und 10,000 Württemberger. Der mit Sturmeseile von Paris hieher gekommene Napoleon sprach in feuriger Rede zu den Truppen: „Bayern! Ihr kämpfet heute mit den Oesterreichern ganz allein; nicht ein einziger Franzose befindet sich in den Reihen der Streitenden. Ich setze volles Vertrauen auf eure Tapferkeit!" Die Bayern fochten unter ihrem Kronprinzen Ludwig, Vater unsers gegenwärtigen Königs Max II., wie Löwen und wurden auf allen Punkten Sieger. Nach gewonnener Schlacht umarmte Napoleon den bayerischen Prinzen mit den Worten: „Ich bedaure, nicht vollkommen deutsch zu sprechen, um diesen braven Truppen in ihrer Muttersprache danken zu können.

Durch die Schlacht bei Abensberg war die Haupt=

macht der Oesterreicher noch nicht gebrochen. Bei dem Dorfe **Eckmühl** an der großen Laber, dem nächsten kleinen Nebenflusse der Donau, stand Erzherzog Karl mit 110,000 Mann in voller Schlachtordnung. Den 22. April griff Napoleon an. Die Bayern und Württemberger kämpften hier vereiniget mit den Franzosen. Der Kampf war heiß, dauerte bis zur einbrechenden Nacht und wurde vorzüglich durch die Tapferkeit der bayerischen Chevaurlegers zum Nachtheile der Oesterreicher entschieden. Letztere zogen sich fechtend bis Regensburg zurück und nachdem auch die Stadt in der Gewalt der Franzosen war, brannten sie, um die nachsetzenden Sieger aufzuhalten, Stadtamhof nieder und flüchteten sich nach Böhmen.

Wir erreichen nun einen der wichtigsten Nebenflüsse, die Isar. Sie hat ihre Quelle in den Tyroleralpen, in den Schluchten des 8000' hohen Karwendelgebirges. Bei dem Engpasse Scharnitz tritt der Fluß in unser Vaterland. Diese Thalenge war früher von den Oesterreichern stark befestiget; sämmtliche Werke wurden aber 1805 von den Franzosen und Bayern so gründlich zerstört, daß jetzt nur mehr einige Mauern an den Bergabhängen zu sehen sind.

Mittenwald ist der erste bayerische Ort an der Isar, die hier floßbar wird. Die Bewohner sind berühmt durch Verfertigung von Geigen, Guitarren, Zithern ꝛc., die in bedeutender Menge sogar nach England und Amerika versendet werden.

Wie schon der Name andeutet, mag der Ort früher von dichten Waldungen umgeben gewesen sein (Mittenwalder Forst); jetzt ist die Gegend ziemlich licht und freundlich.

Nachdem die Isar rechts an den Ausläufern des **Scharfreiter** (7000') und links der **Benediktenwand** (über 6000') vorüberrauschte, erreicht sie in einem herrlichen Thale **Lenggries** und **Tölz**. Weit verbreitet war der Ruf des Tölzer Bieres und in großen Massen wurde es auf Flößen selbst bis Wien verschickt.

Nördlich im tiefen, waldigen Isarthale liegt das alte Kloster **Schäftlarn** mit einer sehenswerthen Kirche. Auf der Thalhöhe ist das freundliche Dörfchen **Ebenhausen** mit nahen, reizend gelegenen Landhäusern.

Weiter dem engen Thale entlang steigen am rechten Ufer die Thürme des Schlosses **Grünwald** empor. Ehemals öfter der Aufenthaltsort bayerischer Herzoge, wird es jetzt als Hauptpulvermagazin benützt. In der Nähe finden sich deutliche Spuren der Römerstraße, welche von Augsburg nach Salzburg führte.

An dem von dem unsterblichen Meister in der Bildhauerkunst, Ludw. v. Schwanthaler, malerisch im alten Burgstyle aufgeführten Schlößchen **Schwaneck** vorüber, erweitert sich das Thal und verliert sich in eine weite Hochebene, aus welcher die zahlreichen Thürme und Paläste der Hauptstadt Bayerns empor ragen.

Vor sieben Jahrhunderten war die Gegend eine fast unzugängliche Wildniß und schrankenlos suchte sich die reißende Isar ein beliebiges Bett. Einige Mönche, die sich früher vor den barbarischen Avaren geflüchtet haben mögen, erbauten ein Dörfchen, aus wenigen Hütten bestehend, Namens Mönchen — **München**. Das war der Uranfang der jetzigen Residenzstadt und aus diesem Grunde trägt sie bis zum heutigen Tage einen Mönch in ihrem Wappen (Münchnerkindl).

In damaliger Zeit herrschte in Bayern ein gar kräftiger Fürst, der es mit seinen Unterthanen wahrhaft gut meinte, Heinrich XII., der Löwe, aus dem Hause der Welfen. Der Vater desselben, Heinrich X., wegen seiner Macht und Prachtliebe der Stolze genannt, wurde geächtet, seines Reiches beraubt und starb 1139 an Gift. Sobald der unmündige Sohn Heinrich zum Manne herangewachsen war, gab er sich alle Mühe, seine rechtmäßigen Ansprüche auf das Herzogthum Bayern geltend zu machen. Indeß kam es zum Kriege mit Italien und Heinrich begleitete Kaiser Friedrich den Rothbart nach Rom. Hier setzte sich Friedrich Italiens Krone auf. Die Römer, voller Wuth und Erbitterung gegen die Deutschen, welche mit gewaltigem Arme ihre Freiheit unterdrückten, fielen in das Lager der verhaßten Fremdlinge. Bis tief in die Nacht wurde gekämpft. Im Schlachtgemenge stürzte der Kaiser vom Pferde und auf ihn drangen die wüthenden Feinde; aber Heinrich der Löwe sprengte pfeilschnell herbei, deckte mit seinem gewaltigen Schwerte den Bedrängten und trieb die Italiener in die Stadt zurück. Nach schwerem Kampfe kehrte der Löwe mit blutigem Haupte in Friedrichs Zelt. Da trocknete der Kaiser seinem Retter das Blut von der Stirne und sprach: „Heinrich, ich gedenke es dir!" Friedrich Barbarossa hielt Wort.

Im September 1156 berief der Kaiser die Großen des Reiches zu einer Versammlung nach Barbing, zwei Meilen von Regensburg. Er selbst erschien im Festgewande in einem offenen, prachtvollen Zelte von Fürsten und Bischöfen umgeben; der damalige bayerische Herzog Heinrich XI., von einer häufig von ihm gebrauchten Betheuerungsformel „Jasomirgott" genannt, und Heinrich der Löwe standen dem Reichsoberhaupte zur Seite. Der hohen Versammlung wurde hier mitgetheilt, daß die Markgrafschaft Oesterreich von Bayern abgerissen und als neues, selbstständiges Herzogthum unter dem Namen Oesterreich an Heinrich Jasomirgott verliehen werden soll. So entstand aus den östlichen bayerischen Landen, welche von bayerischen Unterthanen durch viele blutige Kämpfe gegen die Avaren und Ungarn erobert, bevölkert und urbar gemacht wurden, das Erzherzogthum Oesterreich. Aus dem neugebildeten kleinen Staate wuchs rasch ein mächtiges Reich empor, das nicht selten Glück und Freiheit seines Stammlandes zu verschlingen drohte.

Heinrich der Löwe erhielt das übrige Bayern in einem sehr verringerten Maßstabe. Gleichwohl war er noch der mächtigste Fürst in Deutschland, denn seine Besitzthümer reichten von der Nord- und Ostsee bis zum adriatischen Meere. Wie er sich auszeichnete als Held, so wirkte sein kraftvoller Geist als Regent zum Besten der Unterthanen. Von dem Guten geliebt und hoch geehrt, von dem Bösen gehaßt und gefürchtet, zog der Kaufmann ruhig und ohne Furcht seine Wege und Handel, Gewerbe und Feldbau hoben sich durch zweckmäßige Anstalten sichtlich. In seine Regierungszeit fällt auch die Entstehungsursache der Stadt München. Eine Stunde unterhalb des Dörfchens Mönchen lag, zum Hochstifte Freising gehörend, der Flecken Vöhring. In unmittelbarer Nähe dieses Ortes stand Fluß auf- und abwärts in weiter Entfernung die einzige Brücke über die Isar. Die Frachten des inländischen Handels und namentlich die häufigen Salzfuhren von Reichenhall mußten diesen Flußübergang benützen. Wegen des starken Verkehrs ließ Freisings Bischof Otto Salzniederlagen und eine Münzstätte errichten.

Der Brückenzoll, der bezahlt werden mußte, war aber so hoch, daß Heinrich der Löwe sich bei dem Bischofe beschwerte. Nachdem aber dieß nichts fruchtete und der Herzog nicht länger eine fremde Bedrückung in seinem Lande dulden wollte, so überfiel er in einer Nacht des Jahres 1158 den Flecken Vöhring, zerstörte ihn gründlich, brannte die Brücke nieder und ließ die Salzvorräthe eine Stunde aufwärts zum Dörflein Mönchen bringen. Rasch wurde hier eine neue Brücke gebaut und ausgedehnte Gebäude zur Aufbewahrung des Salzes und zum Prägen des Geldes erhoben sich unter dem Schutze Heinrichs; auch ein Markt wurde errichtet und Handel, Salz- und Münzgeschäfte zogen so viele neue Ansiedler herbei, daß das Dörflein bald zur kleinen Stadt heranwuchs, die Ludwig der Strenge 1255 zur Residenz wählte. Damit erlosch der Glanz der alten Residenzstadt Regensburg, während München durch fürstliche Sorgfalt an Größe und Schönheit zunahm.

Noch gar viel Gutes und Rühmliches erzählt die

Geschichte von Heinrich XII. Da wendete das Glück plötzlich dem Löwen den Rücken und Heinrich fiel in die Ungnade des Kaisers. Friedrich Barbarossa sah sich genöthiget, den fünften Feldzug gegen die aufrührerischen Römer zu unternehmen. In großer Bedrängniß soll er Bayerns Herzog fußfällig um Hilfe gebeten haben. Allein erbittert, daß Friedrich die welfischen Güter in Schwaben, die einst dem Herzoge Heinrich als rechtmäßiges Erbe zugefallen wären, durch geringen Kauf an sich brachte, verweigerte der Löwe trotzig jeden Beistand.

Das Heer Kaiser Friedrich's I. wurde bei Legnano in Italien gänzlich geschlagen und Barbarossa kehrte gedemüthiget, aber mit dem Vorsatze nach Deutschland zurück, an Heinrich XII. Rache zu nehmen. Die Klagen der sächsischen Großen waren hiezu eine erwünschte Gelegenheit. Der Löwe wurde auf mehrere Reichstage zur Verantwortung geladen. Da er aber, das Urtheil wohl zum Voraus ahnend, nicht erschien, so ward er seines Ungehorsames wegen geächtet und der Herzogthümer Bayern und Sachsen für verlustig erklärt. Mit ihm endete in Bayern das Geschlecht der Welfen, welches auf den Thronen von England und Hannover noch fortlebt. Das Land Bayern erhielt Pfalzgraf Otto von Wittelsbach 1180.

In die Regierungszeit der Welfen in unserm Vaterlande fällt auch ein Ereigniß, welches zwar nicht unmittelbar der bayerischen Geschichte angehört, das aber für alle Christen unter jedem Himmelsstriche von so großer Wichtigkeit ist, daß man nicht versäumen kann, in gedrängter Kürze

die Geschichte der Kreuzzüge

zu erzählen und deren wichtige Einflüsse auf die inneren Verhältnisse unseres Vaterlandes anzuführen.

Während der zweihundertjährigen Herrschaft fremder Fürsten in Bayern gab es viel und blutigen Streit zwischen der weltlichen und geistlichen Macht. Die traurige Folge davon war Verfall der Sittlichkeit. Neben dem Kriege wütheten Hunger und Pest. Nordlichter, Kometen, Erdbeben und Sonnenfinsternisse verbreiteten überall Schrecken und es entstand das Gerücht, das Ende der Welt rücke heran. Jeder suchte vor Ankunft des jüngsten Tages seine Seele zu retten. Die Reichen erbauten Klöster und machten fromme Stiftungen; die Armen legten sich strenge Bußwerke auf; sehr Viele gelobten eine Wallfahrt in das Land, wo der Heiland für die Menschheit litt und starb.

Seitdem Helena, Mutter des römischen Kaisers Konstantin, das Kreuz Christi zu Jerusalem aufgefunden und über das Grab des Erlösers eine prächtige Kirche bauen ließ, zogen fromme Christen aus allen Theilen der bekannten Erde dahin. Als die Araber Jerusalem einnahmen, ließen ihre Kalifen die christlichen Einwohner der heiligen Stadt, wie auch die Pilger ungekränkt; denn sie zogen von ihnen nur Vortheil. Als aber im elften Jahrhundert die selbschukischen Türken Herren von Jerusalem wurden, begann für die Christen des Morgenlandes eine harte Zeit. Die Wallfahrten wurden lebensgefährlich; man mißhandelte, beraubte und erschlug die Pilger und gestattete nur gegen Bezahlung einer großen Geldsumme den Zutritt zu den heiligen Orten.

Trotz dieser ungünstigen Verhältnisse vereinigten sich 1064 unter Eckhard, Pfalzgrafen von Schyren, 8000 Pilger, um nach Jerusalem zu ziehen und das hl. Grab den Ungläubigen zu entreißen. Durch die Länge und die Beschwerden der Reise, durch Mangel, Krankheit und feindliche Angriffe arg mitgenommen, erreichte nur eine geringe Zahl das heilige Land. Hier von einer großen Ueberzahl der Feinde angefallen und umringt sank der Muth der Pilger und des Banners beraubt, ergriffen sie die Flucht. In diesem trostlosen Augenblicke rief Eckard, der unerschrockene Held, Muth zu, befestigte auf eine Lanze seine großen Bundschuhe mit rothen Riemen, sammelte unter diesem Banner die Streitenden auf's Neue und schlug die Ungläubigen. Eckard wurde deßhalb auch der Bundschuh genannt. Er soll hierauf nach Jerusalem gezogen sein, die Stadt mit den heiligen Orten erstürmt und auch eine kurze Zeit behauptet haben.

Die Nachricht von der unmenschlichen Wuth, mit welcher die Christen von den Seldschuken verfolgt wurden, brachte namentlich ein frommer Pilger, Peter von Amiens, nach Europa. Dieser hochbegeisterte Mann kam nach Rom zu Papst Urban II. und schilderte in ergreifenden Worten die Noth der Christen im heiligen Lande. Er übergab ein Schreiben des Patriarchen von Jerusalem, in welchem derselbe das ganze christliche Europa um Erbarmen und Rettung anrief. Vom Papste günstig aufgenommen, eilte Peter, auch der Einsiedler genannt, durch Italien nach Frankreich, alle Völker mit gewaltiger Rede zum heiligen Kampfe auffordernd. Papst Urban berief 1095 eine große Versammlung von Bischöfen und Prälaten nach Clermont in Frankreich und dort wurde unter dem Rufe: „Gott will es" der heilige Krieg beschlossen. Bischöfe und Mönche, Ritter und Knechte, ja selbst zarte Frauen machten sich auf, nähten sich ein rothes Kreuz auf ihre Kleider und zogen in's heilige Land. So begannen die Kreuzzüge 1096.

Ehe die Zurüstungen vollendet waren, brach Walter von Habenichts, ein armer Edelmann, in rascher Ungeduld auf und zog mit Peter von Amiens an der Spitze von 100,000 Kreuzfahrern, meist Italienern und Franzosen, nach dem griechischen Reiche. Dieser rohe Haufen, ohne Plan, ohne Lebensmittel, ohne Ordnung und Kriegszucht durchwanderte Deutschland und verübte überall die größten Gewaltthätigkeiten, besonders gegen die Juden. Die Tollkühnen wandten sich nach den Donauländern, wo sie aber größtentheils von Hunger und dem Schwerte der Ungarn und Bulgaren aufgerieben wurden. Nur 3000 Mann, darunter Peter der Einsiedler, erreichten Konstantinopel, um da die übrigen Kreuzfahrer zu erwarten.

Nun erst erschien das Hauptheer der Christen, 100,000 Reiter und 200,000 auserlesene Fußsoldaten, unter Anführung des trefflichen Gottfried von Bouillon, Herzog von Lothringen. Die edelsten Fürsten und Ritter hatten sich dem Zuge angeschlossen und auf verschiedenen Wegen kamen diese Helden mit ihren Scharen nach Konstantinopel. Nach einigen Unterhandlungen mit dem griechischen Kaiser setzten sie über den Bosporus. Nach unbeschreiblichen Mühseligkeiten und blutigen Kämpfen wurden die Städte Edessa und Antiochia genommen. Das riesige Heer der Kreuzfahrer war bereits auf 60,000, nach Andern gar auf 35,000 Mann zusammengeschmolzen; dennoch wagte es Gottfried, nach Jerusalem, dem Ziele der Reise, zu ziehen. Als die frommen Kämpfer die heilige Stadt erblickten, da fielen sie auf ihre Knie, küßten die Erde und weinten vor Freude. Freitags am 18. Juli 1099 in derselben Stunde, wo Christus am Kreuze gestorben war, wurde Jerusalem nach verzweifelnder Gegenwehr mit Sturm genommen. Gottfried war der Erste, welcher von der Mauer in die Stadt sprang; ihm folgten Andere und unaufhaltsam und verderbenbringend stürzten die Christen durch die geöffneten Thore in die Straßen Jerusalems. Ihren Streichen erlagen die Feinde und das heilige Grab war erobert. Nun wurde der edle **Gottfried von Bouillon** zum Könige von Jerusalem gewählt; aber seine zarte Frömmigkeit hielt ihn ab, da eine goldene Königskrone zu tragen, wo der Heiland unter einer Dornenkrone geblutet hatte. Er nannte sich bemüthig nur Herzog Gottfried, Beschützer des heiligen Grabes. Leider starb er schon im nächsten Jahre 1100. Es folgten ihm noch sieben Könige.

Die Nachricht von Jerusalems Eroberung begeisterte die ganze Christenheit Europa's. Ein neues Heer von 300,000 Deutschen, Franzosen und Italienern, dem sich auch Bayerns Herzog Welf I. angeschlossen hatte, rückte nach. Dieser Kreuzzug hatte ein klägliches Ende. Die meisten Theilnehmer fanden in den Sandwüsten und in furchtbaren Schlachten den Untergang. Herzog Welf entkam mit Mühe als Pilger verkleidet und starb während der Heimreise auf der Insel Zypern 1101.

Im Jahre 1146 zog der Pascha von Aleppo mit seinen wilden Schaaren vor Edessa, nahm die unglückliche Stadt, zerstörte sie von Grund aus und mordete 46,000 Christen mit der empörendsten Grausamkeit. Bei dieser Nachricht griff Europa abermals zu den Waffen und 200,000 Krieger, darunter Welf III. und Heinrich Jasomirgott aus Bayern, nahmen das Kreuz. Die Könige Ludwig VII. von Frankreich und Konrad III. von Deutschland führten die Kreuzfahrer. Allein das ganze Heer kam um und beide Könige kehrten als Pilger in ihre Staaten zurück, ohne der Sache des Christenthumes den geringsten Nutzen gebracht zu haben.

Im Jahre 1187 verbreitete sich die Schreckenskunde von der Uebergabe Jerusalems an die Türken. Das veranlaßte einen weitern Kreuzzug, geführt von Kaiser Friedrich Barbarossa von Deutschland, König Philipp August von Frankreich und Richard Löwenherz, König von England. Der erfahrene und große Friedrich drang siegreich voran und kam bis nach Seleuzia, wo er, mit seinem Pferde über den Calycadnus setzend, vom Strome ergriffen, seinen Tod fand, 1190. Nach dem Hinscheiden dieses Helden blieb auch dieser Zug erfolglos.

Es wurden nun noch mehrere großartige Versuche gemacht, die verlornen Heiligthümer wieder zu erobern, aber umsonst. Die Macht der Türken konnte nicht gebrochen werden und so kam es, daß im Jahre 1291 die letzten christlichen Städte im Morgenlande, Tyrus und Acre, in die Hände der Ungläubigen fielen. Seit dieser Zeit ist das heilige Land in ungestörtem Besitze der Türken. Zwei Jahrhunderte dauerten die Kreuzzüge und mehr als sechs Millionen Menschen wurden ein Opfer dieses heiligen Kampfes. Blattern, Pest und Aussatz, diese furchtbaren Seuchen, welche aus Asien nach Europa verpflanzt wurden, rafften ungeheure Menschenmassen dahin. Dem Anscheine nach waren die Folgen der Kreuzzüge für das Abendland nachtheilig; geht man aber näher auf die Nachwirkungen dieses großartigen Krieges ein, so wird man bald gewahren, daß eben sie es waren, die einen sittlichen und geistigen Aufschwung aller christlichen Völker veranlaßten. Die Veredlung des Ritterthumes, das Aufblühen der Städte und die Entstehung des freien Bürgerstandes sind unmittelbare Folgen der Kreuzzüge.

Durch die Berührung deutscher Völker mit den Arabern und Griechen wurde der Sinn für das Schöne, namentlich die Baukunst, gehoben und unter den Wissenschaften gewannen besonders Geschichte und Geographie an Umfang. Für den Handel öffnete sich eine neue Welt; man lernte Dinge kennen, von denen man bisher keine Ahnung hatte; leider kehrte auch damit allmählig der Luxus in unserm Vaterlande ein.

Von München an durchfließt die Isar eine wenig fruchtbare Ebene bis zur Stadt **Freising**. (Appellationsgericht.) Hoch auf dem Berge schaut der im Innern geschmacklos umgestaltete Dom mit seinen altersgrauen Thürmen weit hinaus in die bayerischen Lande. Merkwürdig ist die Gruftkirche unter dem Hauptschiffe der Kathedrale mit ihren kurzen, dicken, seltsam verzierten Säulen. In unmittelbarer Nähe befindet sich das erzbischöfliche Residenzschloß. Der Sitz des Erzbischofes ist aber in unserer Zeit in München.

Im achten Jahrhundert christlicher Zeitrechnung regierte in Bayern der Agilolfinger Theodo II. Hochbetagt theilte er das Land unter seine drei Söhne, die sehr viel thaten, um das wilde Heidenthum auszurotten. Grimoald erhielt bei der Theilung Oberbayern mit der Hauptstadt Freising. Er erbaute unfern seiner Burg auf dem Berge Tetmons dem heil. Stephan ein Kirchlein und lud den hl. Korbinian an seinen Hof, um für die Ausbreitung des Christenthumes zu wirken. Grimoald errichtete dann zu Freising einen bischöflichen Sitz und Korbinian wurde als erster Bischof aufgestellt. Mit größtem Eifer wirkte der heilige Mann und erwarb sich unendliche Verdienste. Mit des Herzogs Bewilligung erbaute er bei dem Kirchlein auf dem Berge Tetmons ein Haus für Benediktiner, aus dem im Laufe der Zeit die so berühmt gewordene, jetzt wieder aufgelöste Benediktiner-Abtei **Weihenstephan** wurde. In den weitläufigen Gebäuden befindet sich gegenwärtig eine Oekonomieschule mit Musterwirthschaft und einer Central-Obstbaumschule.

Die Gebeine des heil. Korbinian ruhen im Dome zu Freising und werden hoch verehrt.

Nur wenige Stunden die Isar hinab liegt auf einem Hügel das uralte Städtchen **Moosburg**. In der Nähe befinden sich die Orte Isareck und Gammelsdorf, deren Fluren im Jahre 1313 Zeugen bayerischer Tapferkeit waren.

In Oberbayern herrschte damals Ludwig III., später der Bayer genannt, in Niederbayern Otto V. Letzterer starb 1311 und hinterließ drei unmündige Söhne als Waisen. Noch vor seinem Ende berief der besorgte Vater im Stillen die achtbarsten Bürger von Landshut und Straubing zu sich und bat sie sterbend, über die verwaisten Prinzen keinen andern Vormund zu bestellen, als seinen oberbayerischen Vetter, den einsichtsvollen Ludwig III.

Diese hohe Auszeichnung, welche der verlebte Herzog durch dieses große Vertrauen gewöhnlichen Bürgern erwies, war in den Augen der stolzen Abeligen Niederbayerns eine Beleidigung. Sie erkannten Ludwig nicht als Vormund und beriefen gegen Ottos letzten Willen Herzog Friedrich von Oesterreich zur Verwaltung des Landes. Ludwig der Bayer begab sich nach Landau a. d. Isar, um sich mit seinem ehemaligen Jugendfreunde Friedrich persönlich zu benehmen und die Sache gütlich abzumachen. Aber umsonst! Man griff zum Schwerte. Das österreichische Heer rückte, vom niederbayerischen Adel unterstützt, herauf bis Moosburg und schlug zwischen Isareck und Gammelsdorf ein festes Lager. Ludwig sammelte schnell seine Streitkräfte, mit denen sich die Bürger von Moosburg, Landshut, Ingolstadt und Straubing vereinigten. An einem nebeligen Tag griff Ludwig kühn den an Zahl weit überlegenen Feind an. Hartnäckig war der Kampf, aber bald neigte sich der Sieg auf Ludwigs Seite. Ein Theil der Feinde sank unter dem Schwerte, ein anderer ertrank auf der Flucht beim Einsturze der Brücke über die Sempt und gegen 400 Adelige wurden gefangen. Reiche Beute fiel in die Hände der Sieger; aber Ludwig überließ sie großmüthig seinen tapfern Streitern. Durch staunenswerthen Muth thaten sich die Bürger der genannten Städte hervor. Zur Anerkennung verlieh Ludwig den Bewohnern von Landshut drei Helme in ihr Stadtwappen, weil sie es durch Heldenmuth im Kampfe für ihre drei jungen Fürsten den Rittern gleich thaten; den Ingolstädtern gab er den feuerspeienden Panther.

Wir erreichen nun in freundlicher Gegend zu beiden Seiten der Isar die Kreishauptstadt von Niederbayern,

Landshut.

Sie ist der Sitz der Regierung und zählt 11,000 Einw. Aus dem Thale erhebt sich der 454 F. hohe Martinsthurm, einer der höchsten Thürme Deutschlands. Die Pfarrkirche zu St. Jodok mit ihren kunstvollen Altären ist sehenswerth. Die neue k. Residenz und die herrlichen ehemaligen Universitätsgebäude sind vortreffliche Zierden der Stadt. Die im Jahre 1800 von Ingolstadt hieher verlegte Universität wanderte 1826 nach München. Landshut lehnt sich östlich an den sogenannten Hofberg, dessen Gipfel die uralte königliche Burg Trausnitz krönt. Das Schloß, eine wahre Feste der Ritterzeit, ehrwürdig durch sein Alter und durch seine vormaligen hohen Bewohner, namentlich der Herzoge von Niederbayern, stehet noch sehr wohlerhalten und ist der Stolz der ganzen Gegend.

Den Grund zur Stadt Landshut legte Herzog Otto der Große von Wittelsbach; Ludwig der Kelheimer vollendete sie. Schon der Sohn des Letzteren, Otto der Erlauchte, verlegte seine Residenz von Kelheim nach Landshut und erbaute die Burg Trausnitz. Gleich bei dem Antritte der Regierung wurde der edle Fürst in mehrere Kriege verwickelt, die aber Kaiser Friedrich II. zu Gunsten Otto's beilegte. Bald kam aber ein anderes Unglück über Bayern.

Kaiser Friedrich II. hatte gelobt, einen Kreuzzug zu unternehmen. Da er aber seinem Versprechen nicht nachkam, so wurde er vom Papst Gregor IX. im Jahre 1239 mit dem Banne belegt, den sein Nachfolger, Papst Innozenz IV. auch auf die Freunde und Anhänger des Kaisers ausdehnte. Otto, dem Kaiserhause zu Dank verpflichtet, blieb ein treuer Anhänger Friedrich's und deßhalb traf der Bannstrahl auch ihn und sein Land. Sieben Jahre durfte kein öffentlicher Gottesdienst gehalten werden; die Kirchen blieben gesperrt, die Glocken waren verstummt und ohne Sang und Klang senkte man die Leichen in das Grab. Die Unterthanen sehnten sich nach dem öffentlichen Gottesdienste, blieben aber ruhig. Nichts vermochte ihre treue Anhänglichkeit an ihren Herzog zu erschüttern.

Die Bischöfe und viele Adelige des Landes erklärten sich als Gegner Otto des Erlauchten und trotzten ihm mit großer Heeresmacht. Der Herzog erklärte sie als Rebellen, bekriegte sie und so wurde Bayern der Schauplatz der größten Unruhen.

Ungeachtet dieser traurigen Zustände that Otto zum Schutze und zum Wohle seiner Unterthanen sehr viel Gutes. Er erbaute in München das hl. Geist-Spital und das Leprosenhaus auf dem Gasteig. Plötzlich überraschte ihn aber der Tod i. J. 1253. Nach zehn Jahren sprach ihn Rom vom Banne los und sein Leichnam wurde zu den Vätern in die Gruft Scheyern gebracht.

Eine Tochter Otto des Erlauchten, Elisabeth, war vermählt mit dem deutschen Könige Konrad IV. Ihr Sohn Konradin, in Landshut geboren, endete sein junges Leben in Neapel auf dem Blutgerüste 1268. Mit ihm erlosch das erlauchte, aber unglückliche Fürstengeschlecht der Hohenstaufen, dessen Zeit die berühmteste und glänzendste für Deutschland war.

Otto hinterließ zwei Söhne, welche das Land theilten. Ludwig, später der Strenge genannt, erhielt Oberbayern und die Pfalz und residirte bald in München, bald in Heidelberg. Heinrich XIII. nahm Niederbayern mit der Residenz Landshut. Nach einer unruhigen Regierungszeit folgten ihm die beiden Söhne Otto V. und Stephan. Der Erstere hinterließ drei unmündige Prinzen, für welche Ludwig der Bayer nach dem großen Siege bei Gammelsdorf die Vormundschaft führte. Im Jahre 1340 starb die niederbayerische Linie aus und so wurde noch unter Ludwig Niederbayern mit Oberbayern wieder vereiniget.

Unter der Regierung Ludwig des Bayer gelangte unser Vaterland zur höchsten Macht. Leider folgten die sechs hinterlassenen Söhne dem Rathe des erfahrenen, einsichtsvollen Vaters nicht. „Theilet Bayern nicht!" gebot der weise Mann. Allein sie theilten, streuten dadurch den Samen der Zwietracht unter sich und zersplitterten ihre Kraft. Jahrhunderte lang rächte sich dieser Ungehorsam an dem Lande durch endlose Verwirrung und blutige Kämpfe. Aber auch noch anderes Elend kam über Bayern. Schwärme von Heuschrecken, die bei ihrem Heranziehen gleich schweren Gewitterwolken die Sonne verdunkelten, zerstörten allen Pflanzenwuchs; gewaltige Erdbeben begruben Tausende von Menschen unter einstürzenden Gebäuden und eine pestartige Krankheit, der schwarze Tod genannt, kam von Asien über Italien nach Deutschland und raffte ein Drittheil der Menschen dahin.

Bei der unseligen Theilung des Landes erhielt Niederbayern mit Landshut Stephan II. mit der Hafte 1349. Er bekam diesen Beinamen wegen der vielen Spangen und Haften, die er an seinen Kleidern trug. Stephan war so glücklich, nach dem Tode seines Bruders Ludwig des Brandenburgers Ober- und Niederbayern abermal zu vereinigen. Dafür wurde aber größtentheils durch seine Schuld das Land Tyrol verloren.

Die Gemahlin des Brandenburgers, Margaretha, war Besitzerin von Tyrol und man nannte sie von einem ihrer vorzüglichsten Schlösser im Etschthale Maultasche. Nach Ableben des Gemahles und ihres zwanzigjährigen Sohnes Meinhard war die Fürstin Willens, ihren Schwager Stephan zum Erben einzusetzen. Herzog Stephan versäumte es, der stolzen Frau die gehörige Aufmerksamkeit zu erweisen und das wichtige Erbe durch eine rechtskräftige Verschreibung sich zu sichern. Inzwischen besuchte Herzog Rudolph von Oesterreich seine hohe Verwandte auf dem Schlosse Tyrol und er wußte sich bei Margaretha so in Gunst zu setzen, daß nach drei Tagen kraft versiegelten Testamentes das ganze schöne Land Tyrol für ewige Zeiten Eigenthum des Hauses Habsburg wurde, das auf dem Throne Oesterreichs herrschte. Stephan suchte mit Waffengewalt das Land wieder zu erobern; allein er mußte sich einem entscheidenden Ausspruche des Kaisers unterwerfen und der lautete zu Gunsten Oesterreichs.

Mit dem Verfall der Macht Bayerns nach Außen verschlimmerten sich die innern Zustände. Das Faustrecht wüthete um diese Zeit am stärksten, besonders zwischen dem Adel und den Städten. Durch Handel und Gewerbfleiß hatte sich die Bürgerschaft der Städte einen ungeheuren Reichthum verschafft, während die Adeligen durch fortwährende Kämpfe herabgekommen waren. Die Häuser der Kaufleute waren reicher und prächtiger eingerichtet, als die der Fürsten, und die städtischen Frauen prangten in kostbaren Kleidern mit Gold und Edelsteinen. Dieser Reichthum erregte die Raubgierde der verarmten Ritter. Dadurch hörte alle Ordnung auf und Unsicherheit und Zügellosigkeit nahmen überhand. Herzog Stephan bemühte sich, diesem Uebel zu steuern. Nach gelungenem Werke legte er sein Haupt zur ewigen Ruhe 1375.

Die drei Söhne des Verstorbenen, **Friedrich, Stephan und Johann,** regierten 17 Jahre das Land gemeinschaftlich; dann wurde das väterliche Erbe

abermals getheilt. Niederbayern mit dem Herzogs=
sitze in Landshut fiel an Friedrich, der sich aber nur
ein Jahr der Alleinherrschaft erfreute. Er starb und
ihm folgte sein unmündiger Sohn Heinrich.

Die Hofdiener, welchen die Verwaltung des Landes
vertraut war, mißbrauchten ihre Gewalt und erpreß=
ten von den Bürgern unerschwingliche Abgaben. Die
Bedrückten beschwerten sich bei dem Kaiser und baten
um Hilfe. Durch diesen Schritt kamen die gewissen=
losen Höflinge in Wuth und sie brachten es durch
alle möglichen Ränke dahin, daß Herzog Heinrich,
der um diese Zeit volljährig wurde, vier der Vor=
nehmsten aus dem Bürgerrathe des Landes verwies
und ihre Güter einzog. Diese Härte erzeugte bei den
Bürgern von Landshut den Entschluß, den Bedrück=
ungen mit Gewalt ein Ende zu machen. Es bildete
sich eine geheime Verschwörung, um die verhaßte Um=
gebung des Herzogs zu stürzen. Das Unternehmen
wurde aber entdeckt und die Verschwornen büßten ihr
Vorhaben theils mit dem Leben, theils mit Verban=
nung aus dem Lande.

Diese Begebenheit öffnete dem verblendeten Herzog
die Augen. Er prüfte die Werke seiner Diener und
— fand das Land verschuldet, die Unterthanen ver=
armt und die Kassen leer. Heinrich dankte sogleich
den ganzen Hofstaat ab und besorgte mit Hilfe weni=
ger, aber ehrlicher Männer, selbst die Angelegenheiten
des Landes. Der Herzog schenkte jetzt jedem klagen=
den Unterthan Gehör und hielt mit aller Strenge auf
Gerechtigkeit und Sicherheit. Durch Sparsamkeit

hatte er so viele Schätze gesammelt, daß er den Beinamen „der Reiche" erhielt.

Sein Sohn und Nachfolger Ludwig der Reiche wurde in Burghausen in solcher Dürftigkeit erzogen, daß es ihm oft am Nothwendigsten fehlte. Schon im Mannesalter wurde ihm gerathen, seine Freiheit und Selbstständigkeit anzustreben. Aber der edle Fürstensohn sprach: „Das sei ferne von mir, daß ich gegen meines Vaters Willen handle. Nie will ich ihm mit einem Blicke meines Auges wehe thun!"

Unter seiner Regierung kam Bayern-Ingolstadt an Landshut und so hatte Ludwig einen weiten Raum für seinen edlen Regentensinn. Er herrschte mit dem Grundsatze, den er oft aussprach: „Ich bin nur dann reich und glücklich, wenn es meine Bürger und Bauern sind."

Ewigen Ruhm verschaffte ihm die Gründung der Hochschule in Ingolstadt 1472. Dadurch wurde Liebe zu den Wissenschaften und ein höherer Sinn für alles Gute und Schöne verbreitet. Man fing an, geistige Genüsse lieb zu gewinnen und den wahren Werth des Menschen in etwas Höherem als in roher Tapferkeit und Körperkraft zu suchen.

Die Erfindung und Anwendung des Schießpulvers in diesem Jahrhunderte gab dem Ritterthum den Todesstoß, während durch die Erfindung der Buchdruckerkunst und des Linnenpapiers die Gelehrsamkeit zum Gemeingut aller Menschen wurde. In das fünfzehnte Jahrhundert fällt auch die Entdeckung von Amerika durch Christoph Kolumbus und die Entdeckung des Seeweges nach Ostindien. Diese welt=

geschichtlichen Ereignisse gaben dem ganzen Europa eine neue Gestalt und wirkten auch folgenreich auf Bayern.

Der edle Herzog Ludwig hatte einen würdigen Sohn, Namens Georg. Zum rüstigen Jünglinge herangewachsen vermählte er sich noch bei seines Vaters Lebzeiten mit Hedwig, einer polnischen Königstochter. Bei dieser Hochzeitsfeier glänzte die Fülle des Landshuter Reichthumes und ganz Deutschland staunte über so viel Pracht und Herrlichkeit. Ueber 6500 Pferde brachten 9000 geladene Gäste, darunter die höchsten weltlichen und geistlichen Würdeträger. Es wurden 333 Ochsen, 3290 Schafe, Lämmer und Kitzchen, 500 Kälber, 970 Schweine und Ferkel, 12,000 Gänse und über 40,000 Hühner verzehrt. Zum Getränke verbrauchte man 218 Fäßchen Malvasier, 5947 Eimer andern Wein und 2 Eimer Meth.

Unter den vielen auf der fürstlichen Tafel zur Schau aufgestellten Backwerken befand sich auch eine große Pastete. Wie nun die hohen Gäste so heiterer Laune beisammen saßen, da sprang plötzlich des Erzherzogs Ferdinand von Oesterreich drei Spann langes Zwerglein aus dem Gebäck. Es war gar lustig anzusehen und veranlaßte viel Heiterkeit, wie das Männlein, gar prächtig herausgeputzt, auf der Tafel herumsprang, sang und den Anwesenden mit gar zierlichen Verneigungen die Hand küßte.

Zur Verherrlichung des Festes wurde auch, wie damals gebräuchlich, ein großes Turnier veranstaltet. Gar manch tapferer deutscher Held hatte seine Stärke und Gewandtheit gezeigt; da ritt plötzlich ein riesenmäßiger polnischer Ritter in die Schranken des Kampf=

platzes und spottete prahlerisch der Deutschen Fecht=
kunst. Sogar 1000 fl. setzte er in die Wette, wenn es
Einer der Anwesenden mit ihm aufnehmen würde.

Die ganze hohe Versammlung schwieg einen Augen=
blick. Da erhob sich ein stattlicher, schöner Ritters=
mann, Herzog Christoph, ein Bruder des in Bayern=
München regierenden Fürsten Albert IV. Er galt
als der stärkste Ritter seiner Zeit, schnellte mit Leich=
tigkeit einen Stein von 364 Pfund Schwere empor
und sprang 12 Fuß hoch. Unter einem Thorweg der
alten Residenz in München sind der Stein und drei
Nägel angebracht mit einer Tafel, die von der Kraft
Herzog Christophs erzählt. Der bayerische Held ritt
muthig dem kecken Fremdling entgegen und forderte,
daß nach alter Sitte Jeder zuvor vom Pferde steige.
Der Pole weigerte sich, weil er wegen zu großer
Leibesschwere nicht mehr leicht hinauf käme. Christoph
ließ aber diese Ausrede nicht gelten und siehe da, es
zeigte sich zum allgemeinen Gelächter der Zuschauer,
daß der Großsprecher mit starken Riemen an den
Sattel seines Streitrosses angeschnallt war. Mit
vieler Mühe brachte man den Beschämten wieder auf
das Pferd und nun begann der Kampf. An Christophs
starker Brust brach der Speer des Gegners in Trüm=
mer, während der Pole zwei Manneslängen weit
über sein Roß hinaus in den Sand flog. So hatte
Christoph die deutsche Ehre einem übermüthigen Fremd=
linge gegenüber gerettet, und donnernder Beifall lohnte
seine ruhmvolle That.

Vier Jahre nach der glänzenden Hochzeitsfeier
segnete Ludwig das Zeitliche. Ganz in dem Geiste

des edlen Vaters regierte Georg das glückliche Land und bekam ebenfalls den Beinamen „der Reiche." Er machte von seinen Schätzen den besten Gebrauch und stiftete unter andern das Georgianum, eine Anstalt für mittellose Studierende, gegenwärtig in München. Als die Tage seines Alters herannahten, machte es ihm großen Kummer, ohne männlichen Erben zu sein. Er hatte wohl eine Tochter, Elisabeth, aber laut Vertrag konnte in Bayern keine Frau Regentin werden und das Land mußte nach allem Rechte an München fallen. Dennoch setzte er Elisabeth in einem geheimen Testamente zur Erbin seines Landes ein und vermählte sie mit Rupert, dem Sohne des Kurfürsten Philipp von der Pfalz.

Im Jahre 1503 starb Georg und Rupert wollte Schätze und Land des Verlebten in Besitz nehmen. Allein Albrecht IV., Herzog in Bayern-München, ließ sich sein gutes Recht nicht so leichten Kaufes nehmen. Nachdem der Versuch zu einem Vergleiche erfolglos war, brach der Krieg los und wüthete in der Pfalz und in Bayern fürchterlich. Das Blut floß in Strömen; ganze Striche Landes wurden geplündert und mehrere hundert Orte in Brand gesteckt. (Landshuter Erbfolgekrieg.)

Im Jahre 1505 kam endlich Vergleich und Friede zu Stande, welchen zufolge alle Schätze und Kleinodien der reichen Herzoge von Niederbayern bei der Pfalz blieben, das Land aber mit einigen Verlusten mit Bayern-München vereiniget wurde. So kamen die Länder von München, Ingolstadt und Landshut unter Albrecht dem Weisen wieder unter einen

Szepter, um nie mehr getrennt zu werden. Landshut hatte aufgehört Residenzstadt zu sein.

Ueber den Ort kam im Laufe der Zeit noch manch stürmischer Tag. So zog am 10. Mai 1632 der Schwedenkönig Gustav Adolph ernst und düster durch die Reihen der erschrockenen Bürger in Landshut ein mit dem Vorsatze, die Zerstörung Magdeburgs durch das Heer der Liga hier zu rächen. Bei dem Anblicke der freundlichen Stadt erbarmte er sich aber derselben und begnügte sich mit 100,000 Thalern Brandschatzung, eine für die damalige Zeit fast unerschwingliche Summe.

Im Jahre 1809 kam es hier zu einem mörderischen Gefechte. Nach der Schlacht bei Abensberg wurden die geschlagenen Oesterreicher bis Landshut verfolgt. Die bayerischen Chevaurlegers sprengten auf die bereits brennende Isarbrücke und richteten unter den Fliehenden eine blutige Niederlage an.

Die Isar wälzt von hier ihre Wassermasse zur uralten Stadt

Dingolfing. Herzog Tassilo II., der letzte Agilolfinger, hielt hier eine Nationalversammlung, welche über die Pflichten der Bischöfe, über Klosterzucht, über Sonntagsfeier und Gerichtsordnung Satzungen aufstellte.

In früheren Zeiten waren alle Gehänge längs der Isar bis hinab nach **Landau** herrliche Weinberge und brachten guten Wein; jetzt aber sind die Reben fast gänzlich verschwunden.

Zwischen getreidreichen Gegenden erreicht der Fluß

die Donau und vereiniget sich mit ihr eine kurze Strecke unter Deggendorf.

Das Flußgebiet der Isar.

Die Isar erhält namentlich von der westlichen Seite, also an ihrem linken Ufer bedeutende Zuflüsse. In dem stolzen Alpengebirge eilt ihr zuerst die Jachen zu, ein Abfluß des Walchen- oder Walersees. Dieser düstere, von Hochwald und steilen Felsbergen eingeschlossene Gebirgssee ist reich an schmackhaften Fischen, hat eine ungeheure Tiefe und liegt 2800' über dem Meere. Als im Jahre 1755 die Stadt Lissabon durch ein fürchterliches Erdbeben zerstört wurde, fing sein Wasser, wie das des Achensees im nahen Tyrol, zur nämlichen Zeit an in volle Bewegung zu kommen, schwoll auf, hob die Kähne vom Lande und warf sie ungestüm umher.

Schon im siebenten Jahrhundert erbaute der heil. Rupert hier ein Kirchlein, **Seekirchen,** und verpflanzte sohin das Christenthum auch in diese vereinsamte Gegend.

Das Thal der Jachen, die Jachenau, ist bekannt sowohl durch seine Lieblichkeit und Fruchtbarkeit, wie auch durch die Treue und Anhänglichkeit seiner biedern Bewohner an das bayerische Herrscherhaus.

Ein anderer wichtiger Nebenfluß ist die Loisach. Sie hat ihre Quellen bei Lermoos im Tyrol und wird in Bayern durch die Partnach verstärkt. Letztere kommt aus dem sogenannten Reinthale, einer wilden Gebirgsschlucht, die an Naturschönheiten ihres Gleichen sucht. Säulenförmig braust die mächtige

Quelle aus einem Gewölbe von ewigem Eise und schäumend stürzt das Wasser von Fels zu Fels durch das schauerliche Thal, bis es sich mit der Loisach vereiniget, die durch diesen Zuwachs floßbar wird. In einem weiten, grünen Thalkessel liegen hier die Märkte **Garmisch** und **Partenkirchen** und das nahe **Kainzerbad**. Großartig ist die Umgebung dieser Orte. Gegen Süden erhebt sich die Alpspitze 8000' hoch, und hinter dieser steigt Bayerns höchster Berg, die 10,000 Fuß hohe Zugspitze mit ihren Schneefeldern empor. Oestlich ziehen sich des Wettersteins scharf abgegränzte Felsenkanten (8000') mit steil abfallenden, kahlen Wänden bis gegen Mittenwald hin.

Zwei Stunden westlich von Garmisch liegt in malerischer Gegend am Fuß der Zugspitze der Eibsee mit seinen sieben Inseln. Von nicht besonderer Größe ist er aber berühmt durch sein herrliches Echo. Ein Pöllerschuß wird zum rollenden Donner, der sich nach Minuten in die entferntesten Gebirge immer düsterer und düsterer verliert.

Am linken Ufer der Loisach schauen von bewaldeter Felsenhöhe die Trümmer der alten Burg **Werdenfels** herab ins blumige Thal. Der Fluß bespült rechts die Ausläufer des Krotenkopfes (7100') und des Heimgartens (6000') und erreicht durch eine moosige und wenig fruchtbare Gegend den Kochelsee. Dieses Wasserbecken ist zur Hälfte mit hohen Bergen umgeben und an seinen anmuthigen Ufern liegen **Kochel** und das uralte, nun aufgelöste Kloster **Schlehdorf**.

Von Kochel aus wurde durch Herzog Albrecht IV.

dem Weisen, über den Kesselberg eine Straße gebaut zum einsamen Walchensee, dessen Wasserspiegel 687' über dem Kochelsee liegt. Der nördliche Theil des Kochelsees bei dem Ausflusse der Loisach, Rohrsee genannt, ist größtentheils versumpft, wodurch die Wasserfläche an Ausdehnung beträchtlich verlor. Um die gefährliche Floßfahrt durch den See unnöthig zu machen, wurde die zufließende Loisach mit der abfließenden durch den Loisachkanal, mit Umgehung des südlich gelegenen Sees, verbunden. Durch dieses Unternehmen kürzte man den Wasserweg um zwei Stunden und die Floßfahrt gewann volle Sicherheit.

Unfern der Mündung des Kanales in die Loisach liegen die prächtigen, weit ausgedehnten Gebäude der schon von den Agilolfingern gestifteten, nun aufgelösten Benediktiner=Abtei **Benediktbeuren**. Die großartigen Räume sind jetzt zu einem Militärfohlenhofe eingerichtet.

In der Nähe befindet sich der Gesundbrunnen **Heilbrunn**, dessen segensreiches Wasser schon seit Jahrhunderten bekannt ist und zum Trinken und Baden benützt wird.

Im Süden erhebt sich der breite Rücken der Benediktenwand, 6100', der eine überraschende Aussicht gewährt.

Durch einen bald sumpfigen, bald waldigen Thalgrund, an der aufgelösten Augustiner=Probstei Beuerberg vorüber, erreicht der Fluß den Marktflecken **Wolfratshausen**. Ruinen eines Bergschlosses zeigen den Sitz der in frühern Zeiten mächtigen Grafen von Wolfratshausen.

Eine kurze Strecke nördlich erfolgt die Vereinigung der Loisach mit der Isar.

Der nächste Nebenfluß, die **Ammer**, entspringt an der Tyrolergrenze zwischen den Bergriesen Hochplatt (7096') und Kreuzspitze (7475'). Schäumend kommt sie aus waldigen Schluchten nach Kloster

Ettal. Diese von Ludwig dem Bayer gegründete, nun aufgelöste Benediktiner-Abtei liegt am Fuße des sogenannten Ettaler-Mandl (Männchen), eines säulenförmigen Felsens, der in der Ferne der Figur eines Mannes ähnlich ist. Erregt schon das Klostergebäude durch seine Schönheit Aufsehen, so reißt die prachtvolle Kirche, eine geschmackvolle Rotunda, zur Bewunderung hin. Von großem Kunstwerthe sind das Deckengemälde von Knoller und ein Bildniß der hl. Jungfrau aus weißem, undurchsichtigen, orientalischen Alabaster gemeißelt.

Durch das an Naturschönheiten reiche Thal hinab kommen wir zu dem großen Dorfe

Oberammergau. Die betriebsamen Bewohner des Ortes und der Umgebung verfertigen aus Holz und Elfenbein allerlei Spielwaaren und andere niedliche Gegenstände der mannigfaltigsten Art und finden damit Absatz selbst bis in die entferntesten Länder.

Sehr bekannt ist Ammergau durch die alle zehn Jahre sich wiederholenden Passionsspiele; die Leidensgeschichte unsers göttlichen Erlösers wird in Form eines Schauspieles auf einer großartigen Bühne in wahrhaft würdiger Weise vorgestellt.

Die Bewohner **Unterammergau's** nähren sich

recht gut durch Brechen und Verarbeiten von **Mühl**=, Schleif= und Wetzsteinen.

Weiter nördlich bespült die Ammer einen weit vorgeschobenen Berg, der durch seine entzückende Fernsicht eine große Berühmtheit erlangte, den **Hohen- Peißenberg** (3331'). Er erhebt sich kegelförmig und von allen Seiten frei und ist gefahr= und mühelos zu besteigen. Den Gipfel krönt die Pfarrkirche mit dem Pfarrhofe.

In letzterem sowohl, wie auch in dem nahen Gasthause findet der Fremde freundliche Aufnahme. Angekommen auf der luftigen Höhe sieht das staunende Auge die ganze Alpenkette vom Watzmann und Großglockner, Deutschlands höchstem Berge, bis zum schneebedeckten Säntis in der Schweiz.

Nördlich liegt die Ebene bis über Augsburg und Freising gleich einer riesigen Landkarte ausgebreitet vor den Füßen.

Die südliche Seite des Berges enthält Steinkohlenflötze, die eine reiche Ausbeute gewähren.

Oestlich findet sich das **Bad Sulz**.

Auch in geschichtlicher Beziehung bekam der Peißenberg 1525 eine hohe Bedeutung; denn er war damals Zeuge von der oft bewährten Treue des bayerischen Volkes.

Er war unter der Regierung Wilhelm IV. des Standhaften, als Martin Luther, geboren zu Eisleben, Augustiner=Mönch und Professor zu Wittenberg, mehrere von der Lehre der römischen Kirche abweichende Meinungen in Umlauf brachte. Mit reißender Schnelligkeit verbreitete sich die neue Lehre, welche dem Eigennutze und der Sinnlichkeit höchst gelegen kam und ganze Länder fielen von der katholischen Kirche ab. Es entstand eine unheilvolle Kirchenspaltung, die anderthalb Jahrhunderte hindurch über unser deutsches Vaterland nicht zu beschreibendes Elend brachte.

Luthers Lehre wurde von den Landleuten vieler Länder mit Begeisterung aufgenommen. Für das schwer gedrückte Volk war die verkündigte christliche Freiheit ein süßes, wohlthuendes Wort; denn es träumte sich damit in seiner Unwissenheit eine Befreiung von allen Abgaben, Zinsen und Zehnten. In vielen Ländern erhoben sich die Bauern massenhaft, um das unerträglich gewordene Joch der Leibeigenschaft abzuschütteln. Klöster und Burgen wurden zerstört und die wahren oder vermeintlichen Tyrannen oft mit der unerhörtesten Grausamkeit getödtet. Ein bedeutendes Heer schwäbischer Bauern fiel auch in Bayern ein und kam plündernd und verheerend bis in die Nähe des Peißenberges. Die Rebellen forderten die eben hier versammelten Landleute zur Theilnahme an ihrer Empörung auf. Diese aber wiesen mit Entschlossenheit die Aufständigen mit den ernsten Worten zurück: „Eilends zieht euch zurück! Wir sind fest entschlossen, für unsere Religion und für unsern Herzog zu leben und zu sterben!" Beschämt und betroffen über so entschiedenen Widerstand zogen sie, obwohl 14,000 Mann stark, sogleich aus Bayern ab. Kurze Zeit darnach wurde dieser aufrührerische Haufe geschlagen; die Anführer starben durch Henkershand.

Wilhelm IV. that Alles, um das Eindringen der

neuen Lehre in seinem Lande zu hindern. Es wurden die Schriften Luthers verboten und viele Anhänger des Glauben-Neuerers wanderten ins Gefängniß oder wurden des Landes verwiesen. Weil Herzog Wilhelm mitten in den Stürmen der Zeit unerschütterlich wie ein Fels bei dem Glauben seiner Väter ausdauerte, erhielt er den Namen „der Standhafte."

An dem aufgelösten, wegen seiner vielen Gelehrten hochberühmten Kloster **Polling** vorüber erreicht der Fluß die freundliche Stadt **Weilheim**. In der Nähe wird schöner Marmor gebrochen.

Die Ammer kommt nun durch Sumpf- und Moorgründe in den Ammersee. Diese gewaltige Wasserfläche ist 4½ St. l. und 1½ St. br. Die Ufer haben nicht viel Anziehendes. Südwestlich liegt an einem Hügel der Markt **Bayerdießen** mit einem aufgehobenen Chorherrenstifte. Am östlichen Ufer des Sees erhebt sich zur bedeutenden Höhe der Berg Andechs. In der Vorzeit stand hier die Burg der berühmten Gaugrafen von Andechs und Dießen. Das Schloß wurde von Herzog Ludwig dem Kelheimer zerstört, weil der Graf von Andechs an der Ermordung des Kaisers Philipp in Bamberg durch Otto von Wittelsbach Theilnehmer, oder doch Mitwisser gewesen sein soll.

Gegen das Ende des 14. Jahrhunderts erhob sich aus den Ruinen der Burg ein Kirchlein mit Kloster. Der Fund einer Anzahl Reliquien, welche seit den Einfällen der Ungarn vergraben lagen, führte von nahen und fernen Gegenden Tausende von Wallfahrern herbei. Die fromme Einbildungskraft träumte sich im Innern des Berges noch eine Menge verborgener Heiligthümer und nannte beßwegen die Höhe „den heiligen Berg." Die aufgefundenen Reliquien wurden nach München gebracht und veranlaßten mit päpstlicher Bewilligung eine große Ablaßfeier, das Gnadenjahr in München 1388. In einer Woche strömten oft mehr als 60,000 Wallfahrer herbei, und Handel und Gewerbe wurden dadurch nicht wenig gehoben. Die Folge davon war ein sich jährlich erneuernder Markt zu Jakobi, Dult genannt.

Die Heiligthümer wanderten wieder nach Andechs zurück und wurden in der dortigen Wallfahrtskirche, die sich indeß erhoben hatte, zur Verehrung ausgestellt. Das geräumige Kloster befindet sich gegenwärtig, nach kurzer Unterbrechung, wieder in dem Besitze der Benediktiner.

Am nördlichen Ende des Sees verläßt die Ammer unter dem Namen **Amper** als Abfluß das große Wasserbecken und erreicht gemächlichen Laufes das Kloster **Fürstenfeld** und den nahen Marktflecken **Bruck**. Majestätisch erheben sich die Gebäude der ehemaligen Abtei mit ihrer ausgezeichnet schönen Kirche. Ludwig der Strenge stiftete das Kloster zur Sühne für die übereilte und grausame That, welche er an seiner tugendhaften Gemahlin Maria verübte. (Siehe Donauwörth.)

Das prachtvolle Gotteshaus ist gegenwärtig Hofkirche und die Klostergebäude werden theils als Kaserne, theils als Invalidenwohnung benützt.

In dem freundlichen Markte Bruck wird das

Waſſer der Amper häufig und mit gutem Erfolge zu Bädern gebraucht. Nicht weit weſtwärts von Bruck liegt das Dörfchen **Buch**. Hier erblickt man hart an der Straße nach Augsburg ein ſchönes Monument aus Marmor zur Erinnerung an den wahrhaft großen Fürſten Ludwig den Bayer.

Nachdem Ludwig für das deutſche Reich und namentlich für Bayern unendlich viel Gutes gethan hatte, war er eben im Begriffe, den Gegenkönig Karl in Böhmen ganz zu demüthigen. Aber am 11. Oktober 1347, als er ſich eben in Fürſtenfeld aufhielt, überfielen ihn Schmerzen der Eingeweide. Um ſie zu lindern, ritt er auf die Bärenjagd; da traf ihn unweit Buch auf einer großen Wieſe, die bis zum heutigen Tage Kaiſerwieſe heißt, ein Schlagfluß. Er verſchied unter Gebet in den Armen eines herbeigeeilten Landmannes. König Max Joſeph ſetzte das Monument bei Puch mit der Inſchrift: Hier ſtarb in den Armen eines Bauers, vom Tode überraſcht, den 11. Oktober 1347 Ludwig der Bayer, Römiſcher Kaiſer.

Weiter nördlich erblickt man am linken Amperufer auf einer bedeutenden Höhe den Markt **Dachau** mit ſchönen Gartenanlagen, Hofgarten, von wo aus man eine weite Ausſicht genießt.

Gegen Norden liegt unfern des Fluſſes das Bad **Maria Brunn**.

Zwiſchen der Amper und der Iſar breitet ſich bis Freiſing eine ungeheure Ebene aus, das Dachauer Moos genannt.

Unterhalb Moosburg vereiniget sich die Amper mit der Isar.

Zwei Nebenflüsse der Amper, obwohl nicht von Bedeutung, dürfen wir namentlich beßwegen nicht vergessen, weil sie die Abwasser herrlich gelegener Seen sind. Die Ach eilt am östlichen Fuße des Peißenberges der Ammer zu und kommt aus dem drei Stunden im Umfange haltenden Staffelsee. Aus der Wasserfläche steigen sieben Inseln empor. Die reizenden Ufer und die im Süden zur schwindelnden Höhe aufsteigenden Bergriesen machen ihn zu einem der schönsten und lieblichsten Seen Bayerns.

Gegen Osten liegt sehr nahe in überaus schöner Gegend der freundliche und wohlgebaute Markt **Murnau.**

Weiter östlich findet sich der kleine Riegsee ohne sichtbaren Abfluß.

Unterhalb Dachau vereiniget sich die aus dem Starnbergersee kommende Würm mit der Amper. Dieser See, auch Würmsee genannt, wird wegen seiner entzückend schönen Lage und herrlichen Umgebung von den Bewohnern Münchens gern als Ziel zu Ausflügen benützt. Er ist 5½ St. l. u. 1½ St. br. Ein kleines, aber zierliches Dampfschiff durchfurcht den Wasserspiegel. Zahlreiche Dörfer, stattliche Schlösser und viele Landhäuser mit Gärten und Parkanlagen umkränzen namentlich den nördlichen Theil des Sees. Am westlichen Ufer liegt das schöne Schloß **Possenhofen,** Eigenthum des Herzog Max in Bayern. In der Nähe ragt aus den Gewässern die Insel

Wörth, von Sr. Maj. dem regierenden König in ein wahres Paradies verwandelt.

Am östlichen Ufer erhebt sich das kgl. Schloß **Berg** mit weitläufigen Gartenanlagen.

Am Ausflusse der Würm liegt das schöne Dorf **Starnberg** mit einem von Wilhelm III. erbauten Schlosse. Die Aussicht, die man hier genießt, ist überraschend. Zu beiden Seiten des Sees nicht unbedeutende, mit dem herrlichsten Grün bekleidete Höhen, gegen Süden als würdiger Hintergrund die mächtige Kette der Alpen mit ihren eben so verschiedenen, als großartigen Bergformen.

Bei dem Bade **Petersbrunn** verengt sich das Thal der Würm und zwischen dicht bewaldeten Höhen, (das Mühlthal) kommt das Flüßchen zur **Reismühle**, wo der Sage nach Kaiser Karl der Große geboren wurde.

Noch weiter nördlich findet sich unfern der Würm bei dem Dorfe **Planegg** die von den Münchnern so gern besuchte Wallfahrt **Maria Eich**.

Dem Laufe der Würm folgend, kommen wir vor die Mauern des Schlosses **Blutenburg**. In anmuthiger Gegend, nicht weit von der Hauptstadt, war es ehedem der Lieblingsaufenthalt von Herzog Sigmund, dem Erbauer der Frauenkirche in München.

Herzog Albrecht der Fromme hatte 1460 die Anordnung getroffen, daß das Land Bayern nie mehr durch Theilung verkleinert, sondern immer von den zwei ältesten Prinzen gemeinschaftlich regiert werden sollte. Demzufolge herrschte Johann und Sigmund im Lande. Eine pestartige Krankheit, die in ganz

Deutschland große Verheerungen anrichtete, raffte auch den Herzog Johann dahin. So wurde Sigmund Alleinherrscher. Allein er hatte mehr Freude an fremdem Geflügel, an Jagd und Kunst und so trat er seinem geistreichen Bruder Albert IV. die Regierung ab und lebte vergnügt auf seinen Schlössern zu Dachau, Grünwald und Blutenburg. Namentlich in letzterm Orte schlug er seinen Hofstaat auf und Gelehrte, Künstler und Sänger bildeten die Umgebung des eben so heitern, als wohlwollenden Mannes.

Von hier aus wird durch einen Kanal ein Theil der Würm zur Bewässerung der Parkanlagen des kgl. Lustschlosses nach **Nymphenburg** geleitet. Unter dem Kurfürsten Ferdinand Maria und seiner kunstsinnigen Gemahlin Adelheid von Savoyen wurde 1670 diese herrliche Sommerresidenz angefangen und unter Max Emanuel vollendet.

Hier befindet sich auch eine kgl. Porzellan-Fabrik, die es in Hinsicht auf Kunst auf einen hohen Grad von Vollkommenheit gebracht hat.

Wenden wir uns an das rechte Isarufer, so haben wir als Nebenfluß nur die Sempt zu bemerken. An ihr liegt in fruchtbarer Gegend die freundliche Stadt **Erding,** welche durch großartige Schrannen bekannt ist.

Zwischen den Quellen dieses Flüßchens und der Isar dehnt sich das Ismaninger-Erdinger Moos in trauriger Einförmigkeit und Unfruchtbarkeit aus.

Zwischen Moosburg und Landshut geht die Sempt in die Isar.

Wandern wir weiter am rechten Donauufer hinab, so erreichen wir bei dem Städtchen Vilshofen die Mündung der mit Hechten und Karpfen belebten Vils. So unbedeutend dieses Flüßchen ist, so erinnert es uns an einen heldenmüthigen Kampf, der mit solcher Begeisterung und Liebe für Fürst und Vaterland geführt wurde, daß die Geschichte nur wenig ähnliche Beispiele aufzuführen hat.

Nach der unglücklichen Schlacht bei Höchstädt 1704 war Bayern in der Gewalt Oesterreichs und wurde als ein unterworfenes Land behandelt. Der zurückgebliebenen Kurfürstin wurde nur Stadt und Rentamt München zum Unterhalte gelassen, alles übrige Land mit feindlichen Soldaten besetzt und unter österreichische Verwaltung gestellt. Zu allem Unglücke fing die tief gebeugte Kurfürstin zu kränkeln an und sie reiste auf den Rath der Aerzte nach Venedig, um unter Italiens mildem Himmel wieder Genesung zu finden.

Mit der Abreise der edlen Frau ging der Bayern letzter Hoffnungsschimmer unter. Der schreckliche Druck der Eroberer auf das arme Land, die unerschwinglichen Lasten, die man den ohnedieß schon armen, ausgesaugten Unterthanen aufbürdete, gränzten ans Unglaubliche. Das Schrecklichste sollte aber erst kommen. Es erschien ein kaiserlicher Befehl, daß 12,000 der schönsten und kräftigsten Jünglinge des bayerischen Volkes ausgehoben werden sollten, um unter Oesterreichs Fahne in Italien nnd Ungarn zu dienen. Gegen solche Anordnung, die mit blutigem Hohne jedes vaterländische Hochgefühl vernichten sollte, empörte sich Bayerns edle Jugend und achtete des Befehles nicht. Dadurch steigerte sich die Wuth der barbarischen Zwingherrn aufs Höchste. In finsterer Nacht drangen österreichische Soldaten in die Wohnungen der unglücklichen Burschen, rissen sie unangekleidet aus dem Bette oder zogen sie aus dem Verstecke und führten sie, auf Wägen geschmiedet, bei strenger Kälte nach Tyrol. Eingebrachte Flüchtlinge, oder solche, die sich widersetzten, wurden unbarmherzig niedergesäbelt. Diese unmenschliche Grausamkeit riß den Faden der Geduld und die Bayern erhoben sich zu einem verzweiflungsvollen Kampfe. „Lieber bayerisch sterben, als kaiserlich verderben!" waren die Worte, welche von Dorf zu Dorf, von Thal zu Thal zum Aufstande riefen. Bald hatten sich in Niederbayern 24,000 Mann Landesvertheidiger zusammengeschart, schlugen unter Plinganfers tüchtiger Leitung die Feinde und eroberten mehrere, von den Oesterreichern besetzte Städte. So fielen Burghausen, Braunau, Schärding und Neuötting in die Hände der erbitterten Bauern, die aber immer großmüthig des Wehrlosen schonten und die feindliche Besatzung menschlich behandelten. Der edle Held Plinganfer dachte nun vor Allem darauf, die Stadt München aus Feindesgewalt zu befreien und sandte darum seine Scharen unter Xaver Meindls Befehl über Wasserburg der Hauptstadt zu. Mit Entsetzen vernahmen die Landesvertheidiger auf diesem Zuge die blutige Niederlage ihrer Freunde aus dem Oberlande durch den österreichischen General Kriechbaum bei Sendling. Diese Schreckenskunde entmuthigte aber die begeisterten Streiter nicht. Mehrere Tausende zogen nach Niederbayern, um den verhaßten Feinden das Städtchen Vilshofen wegzunehmen. General **Kriechbaum** folgte mit seiner Reiterei auf Eilmärschen und vereinigte sich mit der dortigen Besatzung. Zwischen **Vilshofen** und **Aidenbach** standen an einem Hügel die bayerischen Bauern und erwarteten wohlgemuth den Angriff. Den 8. Jan. 1706 ließ **Kriechbaum** seine Truppen vorrücken. Mit wahrer Todesverachtung kämpften die Landesvertheidiger; aber schlecht geführt und sogar verlassen von dem Befehlshaber Hoffmann entstand Verwirrung in den Reihen der Streitenden. Dadurch neigte sich der Sieg auf die Seite der Oesterreicher und es begann nun ein Morden und Schlachten, noch schrecklicher als auf den Höhen von Sendling. Es wurde weder Gnade verlangt, noch Gnade gegeben und bis die Sonne sank, lagen 7000 Leichen bayerischer Bauern auf dem Schlachtfelde.

Diese gräßliche Niederlage war der Todesstoß des gerechten Aufstandes. Zwar stand Meindl mit einigen Getreuen kampfbereit bei Wasserburg. Da er aber sah, wie die Scharen der Landesvertheidiger überall dem feindlichen Schwerte unterlagen und eine Stadt nach der andern wieder in Oesterreichs Gewalt fiel; wie von allen Seiten fremde Kriegsvölker zur Unterdrückung Bayerns heranzogen, da schwand die Hoffnung auf Befreiung des Vaterlandes. Meindl und **Plinganser** vernichteten ihre Schwerter und verließen das unglückliche Bayern. Das edle Volk seufzte zehn Jahre unter dem Drucke fremder Herrschaft. Der Frieden zu Baden in der Schweiz 1715 befreite es endlich von dem schrecklichen Joche und gab ihm seinen Kurfürsten Max Emanuel wieder. Nach zehnjähriger Trennung sah sich die fürstliche Familie — Vater, Mutter und Kinder — wieder.

Wir erreichen nun den letzten, aber wegen seiner Wassermasse wichtigsten Nebenfluß der Donau am rechten Ufer, den Inn. Er hat seinen Ursprung in Graubündten, dem östlichen Theile der Schweiz, kommt dann nach Tyrol und durchströmt dieses herrliche Gebirgsland in einem wegen seiner außerordentlichen Naturschönheiten berühmten Thale. Bevor der Inn die prächtige Hauptstadt Tyrols, Innsbruck, erreicht, erhebt sich am linken Ufer die steile Martinswand. Zwischen Fels und Strom zieht sich auf engem Raume die Straße hin und dieser Ort, obwohl auf fremdem Gebiete, soll jedem Bayer unvergeßlich sein.

Der kinderlose König Karl II. von Spanien hatte den Sohn des Kurfürsten Max Emanuel, den sechsjährigen Joseph Ferdinand, zum Thronfolger ernannt. Der jugendliche Prinz starb aber auf der Reise nach Spanien zum größten Schmerz seines Vaters. Karl II. bestimmte nun den Sohn des französischen Kronprinzen, Herzog Philipp von Anjou, zum Nachfolger. Dadurch wurde das französische Gebiet so ausgedehnt, daß die übrigen Staaten Europa's nicht mit Gleichgültigkeit zusehen konnten. Kaum war Karl II. gestorben, so verbanden sich England, Holland und Oesterreich gegen Frankreich. Zudem machte auch Oesterreichs Kaiser Leopold wegen Verwandtschaft

Ansprüche auf den spanischen Thron und begann darum bereitwilligst den Krieg mit Frankreich.

Max Emanuel wollte anfangs ganz unbetheiligt bleiben, mußte sich aber endlich doch zu einer Parthei schlagen. Das Erzhaus Oesterreich hatte ihm für die bisher gebrachten ungeheuren Opfer nicht den geringsten Ersatz geleistet und er hatte auch nichts zu hoffen. Obwohl es die meisten deutschen Fürsten mit Oesterreich hielten, so wendete sich Max Emanuel doch auf Frankreichs Seite; denn der schlaue französische Hof hatte ihm den Besitz der Niederlande in Aussicht gestellt. Max sammelte auf dem Lechfelde sein Heer, ohne daß man wußte, für oder gegen wen. Als aber der Kurfürst die Reichsstadt Ulm mit List nahm, wurden dem Kaiser Leopold Emanuels Gesinnungen klar und er ermunterte in einem offenen Schreiben das bayerische Volk zum Aufruhr gegen ihren Fürsten. Die Treue der biedern Bayern gegen Emanuel war aber nicht zu erschüttern. In kürzester Zeit brachen in Bayern zwei kaiserliche Heere ein, die aber bald wieder über die Grenzen getrieben waren.

Unvermuthet wandte sich im Jahre 1703 der Kurfürst mit 12,000 Mann nach Tyrol, um sich mit einem französischen Heere, das aus Italien gegen Oesterreich ziehen sollte, zu vereinigen. Siegreich erstürmte er die Festung Kufstein, nahm ohne Hinderniß Innsbruck und brach gegen den Brenner auf. Da heulten plötzlich die Sturmglocken durch die Thäler des Gebirges und mit wilder Wuth verhinderten die herbeieilenden Tyroler das weitere Vordringen der

Bayern. Verhaue an den Straßen, Steine und Felsenstücke, die von den Bergwänden herabgerollt wurden, und die sicher treffenden Feuerrohre der Gebirgsschützen zwangen Max Emanuel zum Rückzuge.

Bayerns Kurfürst ritt, den Grafen Arko an seiner Linken, von Innsbruck nach Zirl. Da lauerte in einer Felsenkluft der Martinswand der Tyroler-Jäger Handel mit dem Vorsatze, Max Emanuel zu erschießen. Der edle Graf Ferdinand von Arko schien die Gefahr bemerkt oder doch geahnt zu haben; denn plötzlich bat er dringend, zur Rechten reiten zu dürfen. Er wollte auf diese Weise den Feind täuschen, da er zufällig auch reicher und glänzender gekleidet war, als der Kurfürst. Kaum hatte Arko die rechte Seite eingenommen, so knallte ein Schuß und der großmüthige Graf fiel als ein Opfer für seinen Fürsten leblos vom Pferde.

Verewiget auch kein Denkmal, weil auf fremdem Gebiete, den Schauplatz dieser edlen That, so wird doch das Andenken an Graf Ferdinand v. Arko bei den dankbaren Bayern von Jahrhundert zu Jahrhundert fortleben.

Als Max Emanuel nach dem Frieden in Baden 1714 wieder über Bayern herrschte, wagte sich Arko's Mörder nach München zu einem Scheibenschießen. Der Kurfürst erfuhr bald seine Gegenwart und ließ ihm bedeuten, die Stadt in aller Stille zu verlassen, indem er für sein Leben, wenn sein Aufenthalt den Bürgern bekannt würde, nicht bürgen könnte. Zudem verband er diese Warnung mit einem ansehnlichen Geschenke. Das ist die Rache eines bayerischen Fürsten!

Das Land Tyrol und besonders das Innthal spielte auch am Beginne des gegenwärtigen Jahrhunderts eine wichtige Rolle in der Geschichte Bayerns.

In dem Kriege, der sich 1805 zwischen Frankreich und Oesterreich entspann, schloß sich Kurfürst Maximilian Frankreich an, weil es der Hof in Wien nicht aufrichtig mit ihm meinte.

Die Franzosen kamen in Eilmärschen über den Rhein, nahmen in Ulm den österreichischen General Mack mit seiner Armee gefangen, besetzten Wien und schlugen in der Dreikaiserschlacht bei Austerlitz die Russen und die Oesterreicher. Die Bayern hatten durch ihre Tapferkeit wesentlich zu diesem glänzenden Siege beigetragen; darum wurde bei dem Frieden in Preßburg 1805 unser Vaterland durch Tyrol vergrößert und den 1. Jan. 1806 zu einem Königreiche erhoben.

Die Vergrößerung Bayerns durch Tyrol hatte keine erfreulichen Folgen. Mit manchen Maßregeln der neuen Regierung unzufrieden, erhoben sich die Bergbewohner zu einem Aufstande. In kurzer Zeit war ganz Tyrol frei und für Oesterreich gewonnen. An der Spitze der Bewegung standen der Sandwirth Hofer, Speckbacher und der Kapuziner Haspinger. Von Bayern und Frankreich wurden neue Truppen in das Gebirgsland geschickt und viel Blut floß bei Wörgl und Schwaz am Inn und auf dem Berge Isel bei Innsbruck. Das Volk Tyrols unterlag endlich der Uebermacht und ihre tapfersten Anführer wurden erschossen.

Den 8. Okt. 1813 sagte sich König Maximilian von Napoleon los und verband sich mit Rußland, Preußen und Oesterreich gegen Frankreich. Kaum hatte Bayern das französische Joch abgeschüttelt, so wurde Napoleon in der ewig denkwürdigen Völkerschlacht bei Leipzig den 17., 18. und 19. Okt. 1813 geschlagen. Das bayerische Heer trug auch durch seine Siege bei Hanau, Brienne, Arcis sur Aube ꝛc. zur Befreiung Deutschlands von französischer Gewaltherrschaft bei.

Kaiser Napoleon wurde auf die Insel Elba verbannt; aber nur kurze Zeit und der Gefürchtete erschien, seiner Haft entkommen, aufs Neue, um Europa mit Schrecken zu erfüllen. Sein Glücksstern war aber erblichen und Napoleon unterlag in blutiger Schlacht bei Waterloo den 18. Juni 1815. Die Engländer brachten den Besiegten auf die vereinsamte Felseninsel St. Helena im atlantischen Ozean, wo er seine Tage beschloß.

Endlich kam in Deutschland ein dauernder Friede zu Stande in Folge dessen Tyrol, Vorarlberg und Salzburg mit dem Innviertel wieder an Oesterreich fielen. Bayern erhielt dafür Würzburg und Aschaffenburg und die heutige Rheinpfalz am linken Rheinufer.

Unterhalb der Festung Kufstein tritt der Inn als schiffbarer Fluß in unser Vaterland. Am linken Ufer erhebt sich auf einem Felsenhügel dicht an der Landesgrenze die Ottokapelle. Sie ist erbaut zur Erinnerung an den Abschied Königs Otto von Griechenland, Bruder unsers erhabenen Monarchen

Max II. Der Scheidende warf hier noch den letzten Blick auf das theuere Heimathland.

Zwischen zwei gewaltigen Bergstöcken wälzen sich die Wellen des Inns hinaus in das bayerische Hügelland. Westlich erhebt sich die zerklüftete, kahle, mit einer Kapelle gekrönte Felspyramide des Wendelstein 6,303' hoch. Frei von allen Seiten und abgesondert von andern Bergen bietet diese Höhe eine unvergleichliche Fernsicht. Am Fuße erhebt sich nicht weit vom Inn das herrliche Schloß **Brannenburg**. Die prachtvolle Lage dieses Ortes und die seltenen Naturschönheiten der Gegend ziehen viele Gäste zu längerm Aufenthalte hieher. Oestlich steigen das Kranzhorn und die Hochriß zur beträchtlichen Höhe empor.

Der Fluß erreicht an dem auf einem Felsen thronenden, mittelalterlichen Schloß **Neubeuren** vorüber eilend den schönen Markt **Rosenheim**. Hier befindet sich in schönen Gebäuden die königl. Saline, deren Soole von Traunstein hieher geleitet wird, woraus jährlich an 200,000 Ztr. Salz gesotten werden.

Rosenheim besitzt auch ein Bad.

Eine Stunde östlich liegt die langgestreckte, aber schmale Wasserfläche des Simmsee mit einsamen und reizlosen Ufern. Der Abfluß eilt dem Inn zu.

An den ehemaligen Benediktinerklöstern **Rott** und **Attel** vorüber erreichen wir am linken Ufer des Inn auf einer von dem Flusse gebildeten Halbinsel von hohen, steilen Bergen umgeben die alte Stadt **Wasserburg**. Das uralte Schloß war ehemals die Resibenz der Grafen von Wasserburg. Handel und Schifffahrt auf dem Inn sind lebhaft.

Durch ein fruchtbares Thal bringt uns der schnelle Lauf des Wassers zur gewerbsamen Stadt **Mühldorf**.

Im Jahre 1257, zur Zeit als Ludwig der Strenge in Oberbayern und der Rheinpfalz und dessen Bruder Heinrich XIII. in Niederbayern herrschten, wagte es der Böhmenkönig Ottokar auf ganz ungerechte Weise die bayerischen Besitzungen Schärding und Neuburg am Inn zu verlangen. Diese Orte waren früher Eigenthum des nach der Meinung Ottokars wider= rechtlich geächteten Grafen Otto von Andechs und gehörten zu Bayern. Als die Forderung entschieden verweigert wurde, fiel Böhmens König mit einer großen Macht in unser Vaterland ein und zog ver= heerend bis gegen Landshut. Da ließ Herzog Hein= rich die Sturmglocken ertönen und das Landvolk rannte, über die Grausamkeit der Fremblinge empört, wohlbewaffnet zu Pferd und zu Fuß in die Haupt= stadt. Ludwig, der eben am Rheine war, kam auf den Ruf der Boten mit seinen rüstigen Scharen eiligst zur Hilfe herbei. Da wurde dem Könige Ottokar bange und er zog sich mit seinen Truppen schnell zurück. Die Fliehenden drangen, von den Bayern muthig verfolgt, bei Mühldorf über die Innbrücke. Unter der Last der Heerhaufen wichen die Pfeiler und der hölzerne Bau stürzte zusammen. Zahllose Feinde ertranken; die Schwimmer wurden in den Fluthen gespießt oder mit Pfeilen getödtet. Die Niederlage der Böhmen war furchtbar. Dennoch wagte es Otto= kar 9 Jahre später wieder, unsere Landesgränze zu überschreiten. Aber auch da wies ihn der Bayern kräftige Faust in seine Marken zurück.

Die Fluren zwischen Mühldorf und Ampfing wissen aber noch eine kühnere Heldenthat von unsern tapfern Voreltern und ihrem ritterlichen Fürsten zu erzählen.

Durch den Sieg bei Gammelsdorf über die Oesterreicher 1313 hatte sich Ludwig der Bayer ein solches Ansehen erworben, daß ihn die Mehrzahl der Kurfürsten zum deutschen Kaiser wählte. Höchst ungern nahm Ludwig die Wahl an; nachdem er aber in Aachen gekrönt war, wollte er auch Krone und Reich männlich beschützen und vertheidigen. Bei der Kaiserwahl hatte Friedrich der Schöne von Oesterreich zwei Stimmen erhalten; trotzdem setzte auch er sich in Bonn die Kaiserkrone auf und fing an, den rechtmäßigen Herrn von Deutschland zu bekriegen. Acht Jahre dauerte der verderbliche Kampf; da wollte Friedrich mit einem Schlage Bayerns erhabenen Fürsten sammt seinem getreuen Volke niederschmettern. Mit 30,000 Mann Kerntruppen, darunter 2200 schwer geharnischte Ritter, zog er nach Bayern herauf und stellte sich auf dem grünen Plane vor Ampfing in Schlachtordnung. Zudem erwartete Friedrich seinen Bruder Leopold, der mit einem wohlgerüsteten Heere aus Schwaben im Anzuge war. Nicht so gut stand es mit den Streitkräften Ludwig des Bayer. Nur mit einer kleinen Schar, aber mit unerschütterlichem Gottvertrauen eilte er dem Feinde entgegen. Die treuen Städte München, Moosburg und Landshut schickten ihre streitbare Mannschaft, unter welcher sich namentlich die Bäckergesellen Münchens durch Heldenmuth auszeichneten. Auf dem Zuge schlossen sich noch viele Landleute an mit dem Vorsatze, für ihren Ludwig und das Vaterland zu siegen oder zu sterben. Da kamen auch der vielgetreue Burggraf Friedrich von Nürnberg, der tapfere Böhmenkönig Johann und der jugendliche Herzog Heinrich von Landshut mit ihren Hilfsvölkern und vereinigten sich mit der Streitmacht Ludwigs.

Am 28. September 1322 standen sich beide Heere gegenüber und schon mit frühem Morgen begannen mit großem Ungestüm die Oesterreicher die Schlacht. Mit Sturmesgewalt stürzten die Ungarn auf die Böhmen und brachten diese zum Wanken. Dem Könige Johann fiel das Pferd unter dem Leibe und 500 seiner Kriegsknechte mußten sich als Gefangene ergeben. Bald wurde in der ganzen Schlachtlinie mit rasender Erbitterung gekämpft. Gegen Mittag gelang es dem greisen, aber kriegserfahrnen Feldhauptmanne Schweppermann, dem von Kaiser Ludwig das Kommando über das bayerische Heer anvertraut war, durch eine kühne Schwenkung den Oesterreichern eine solche Stellung zu geben, daß sie Sonne, Wind und Staub ins Gesicht bekamen. Endlich brach auch der Burggraf von Nürnberg mit seinen gerasteten Reitern aus dem Hinterhalte hervor. Um den Feind zu täuschen, führte er ein österreichisches Banner. Mit einem Freudengeschrei wurde er von Friedrich des Schönen Heer als der sehnlichst erwartete Herzog Leopold begrüßt. Wie groß war aber die Bestürzung, als die vermeintlichen Freunde wüthend auf die Oesterreicher einhieben. Schreck und Verwirrung verbreiteten sich unter dem Feinde; zudem machten sich die 500 Böhmen wieder los, um die Schmach ihrer Gefangenschaft zu tilgen.

Friedrich der Schöne kämpfte wie ein Verzweifelnder, aber umsonst. Viele seiner Leute flohen, sehr viele blieben auf dem Schlachtfelde und er selbst wurde nebst 1400 Adeligen gefangen genommen. Dem tapfern Ritter Rindsmaul gebührt das Verdienst seiner Gefangennehmung. Mit großer Niedergeschlagenheit trat der Besiegte vor den Kaiser. Doch der edle Ludwig kannte keinen Uebermuth, sondern bot freundlich die Hand mit den Worten: „Herr Vetter, ich bin erfreut, euch zu sehen!"

Nach der Schlacht war im Lager der Sieger großer Mangel an Lebensmitteln; nur Eier konnten aufgetrieben werden. Ludwig vertheilte die wenigen Stücke und sprach: „Jedem Mann ein Ei, dem braven Schweppermann zwei."

Den treuen Städten verlieh der Kaiser große Rechte, und die Münchner Bäckerzunft durfte den Reichsadler im Banner führen.

Nach diesem für Bayern ewig ruhmreichen Tag wurde Friedrich der Schöne nach dem festen Schlosse Trausnitz in der Oberpfalz in Gewahrsam gebracht und dort mit aller Schonung behandelt.

Weiter östlich liegt am rechten Innufer die kleine Stadt **Neuötting**. Unfern gegen Süden findet sich der schöne Marktflecken und weltberühmte Wallfahrtsort **Altötting**. Die Wallfahrtskirche, die sogenannte heil. Kapelle, ist ein kleines, rundes Gebäude in der Mitte eines großen Platzes. Nur spärliches Tageslicht bringt durch die kleinen Fenster in das Innere. Auf dem Hauptaltar thront das gnadenreiche Bildniß Mariens, ein Geschenk des hl. Rupert. Ein kostbarer Mantel von Gold und Silber bedeckt die Gottesmutter und Perlen und eble Steine schmücken die beiden Kronen. Der Altar ist ganz von eblen Metallen und mit unschätzbarem Schmucke geziert.

Das altersgraue Kirchlein erstand schon unter der Regierung der Agilolfinger.

In der schönen Stiftskirche wird in verschlossener Urne das Herz eines jeden verstorbenen, bayerischen Regenten beigesetzt; auch das des unvergeßlichen Königs Max Joseph I. wird in einer silbernen Kapsel aufbewahrt, welche die sinnige Aufschrift führt: „Das beste Herz."

Im Jahre 912 errang sich das Haus Wittelsbach auf den Fluren bei Altötting durch einen vollständigen Sieg über die wilden Ungarn unsterbliche Lorbeeren. Unter den schwachen Nachfolgern Karl des Großen, Karolinger genannt, war Bayern selten glücklich; nur Arnulf I. war ein thätiger und kraftvoller Fürst. Er besiegte die Normanen und eroberte dem bedrängten Papste die Stadt Rom. Einen Fehler beging jedoch der tapfere Arnulf dadurch, daß er gegen den aufrührerischen Fürsten Zwentibald von Mähren die Ungarn zu Hilfe rief. Dieses schreckliche Volk, das vom Ural und dem kaspischen Meer hergekommen war, Blut trank und rohes Fleisch aß, sahen Bayerns Wohlstand, und ihre Raubgierde wurde lüstern darnach. Arnulf starb und an seinem Sarge ward der sechsjährige Sohn Ludwig zum Könige ausgerufen.

Kaum hörten die Ungarn von Arnulf's Tod, so fielen sie in Bayern ein. Markgraf Luitpold der Schyre war zum Schirmer des Reiches bestellt und schlug die wilden Schwärme zurück. Im Jahre 907 erschienen jedoch die Raubhorden in solch furchtbarer Zahl, daß nach einer dreitägigen, mörderischen Schlacht bei Preßburg das deutsche Heer vernichtet war. Herzog Luitpold selbst sank rühmlichen Todes, mit ihm drei Bischöfe, viel tapfere Aebte und Grafen und viel Volk. Wie eine verheerende Lawine wälzte sich nun der Barbarenschwarm über unser Vaterland. Mord und Brand bezeichneten ihren Weg. Selbst Weiber und Kinder schonte ihre empörende Grausamkeit nicht. Ihrer Wuth erlagen 21 Klöster und viele seltene Schätze der Kunst und Wissenschaft wurden vernichtet.

Herzog Ludwig das Kind wußte keine Hilfe für das schrecklich heimgesuchte Land, und versprach den Ungarn einen jährlichen Tribut bei Unterlassung ihrer Einfälle. Unter diesen Drangsalen starb Ludwig, 18 Jahre alt, mit gebrochenem Herzen über den Jammer seines Reiches. Er war der Letzte von den Karolingern und mit ihm erlosch dieser Stamm ruhmlos, obwohl er mit Karl dem Großen so glanzvoll begonnen hatte.

Endlich schienen wieder Strahlen des Glückes unser Vaterland beleuchten zu wollen. Der Schyre Arnulf, ein Sohn des als Held gefallenen Markgrafen Luitpold, wurde als Herzog von Bayern gewählt. Kaum hatte er die Regierung angetreten, so schickten die Ungarn Gesandte nach Regensburg, die unter den fürchterlichsten Drohungen die weitere Entrichtung des Tributs verlangten. Aber in der Brust Arnulf's schlug das Herz eines Wittelsbachers und mit edlem Stolze wies er die erniedrigende Forderung mit den Worten zurück: „Ich habe von Jugend auf befehlen und nicht gehorchen gelernt. Saget eueren Barbaren, wenn sie einen Tribut wollen, mögen sie ihn selber holen; sie werden dann erfahren, daß wir ein Schwert haben und eine Faust, es zu führen."

Die Ungarn kamen ungesäumt und raubten und verwüsteten in gewohnter Weise. Sie drangen bis an den Lech. Dort stießen sie auf die kampflustigen Schwaben und kehrten um. Am Ufer des Innflusses bei Altötting schlugen sie ein Lager. Hier schloß Arnulf in Vereinigung mit den nachsetzenden Schwaben die schrecklichen Fremdlinge ein, und brachte ihnen eine furchtbare Niederlage bei. Was nicht auf dem Schlachtfelde verblutete, wurde in den Inn geworfen. Kaum dreißig Mann sollen sich durch die Flucht gerettet haben, um in ihre Heimath die Schreckenskunde zu bringen. Von diesem Tage an fürchteten die Ungarn der Bayern Faust; aber nur so lange Arnulf lebte, heuchelten sie Frieden und Freundschaft.

Unterhalb Neuötting bildet der Inn die Grenze zwischen Bayern und Oberösterreich. An seinem linken Ufer breitet sich die sandige Pockinger Heide aus. In Passau vereiniget sich der Fluß mit der Donau. Seine Wassermasse und seine Breite übertreffen selbst den Strom.

Das Flußgebiet des Inn.

Der Inn erhält am linken Ufer als Zufluß die aus dem Tegernsee abfließende Mangfall. Das Wasserbecken dieses Sees ist weniger durch seine Größe, 1½ St. lang und ½ St. breit, als durch seine prachtvolle Lage sehenswerth. Die Zuflüsse sind die Rotach, die aus einer wilden Gebirgsschlucht hervorbricht und während ihres Laufes herrliche Wasserfälle bildet, und die Weißach. An dem Ufer des letztern Flusses hinan erreicht man auf einem lieblichen Wiesenplan das **Wildbad Kreuth** mit schönen Gebäuden. Großen Aufschwung erhielt dieser Badeort durch König Max I., der mit seiner bekannten Güte dafür sorgte, daß auch Unbemittelte die heilbringende Anstalt besuchen können. In geringer Entfernung von Kreuth erheben sich gewaltige Bergkegel, die wegen ihrer schönen Fernsicht den Naturfreund zum Besuche einladen. Der Schinder, der Planberg, der Schildenstein und der Risserkogel steigen theils gegen, theils über 6000′ hoch empor.

Von Kreuth führt ein schöner Paß in das Achenthal und an die großartigen Ufer des Achensees in Tyrol.

An den lieblichen Ufern des Tegernsees erheben sich die herrlichen Gebäude der ehemaligen Benediktinerabtei gleichen Namens. Nach Aufhebung des Klosters wurden diese Räume der Lieblingsaufenthalt des höchstseligen Königs Max I. und in dem Munde des Gebirgsvolkes hört man jetzt noch die rührendsten Erzählungen von seiner Menschenfreundlichkeit und

Herzensgüte. Die Klosterkirche ist sehenswerth. Schloß Tegernsee sowohl, wie auch das Bad Kreuth sind jetzt Eigenthum Sr. K. H. des Prinzen Karl von Bayern. In dem Dorfe **Tegernsee** und in den nahen Orten **Rotach** und **Egern** erheben sich geschmackvolle Landhäuser reicher Städter. In geringer Entfernung steigen der Wall-, Setz- und Hirschberg gegen 6000 Fuß hoch empor.

Am östlichen Ufer der reizenden Wasserfläche, ungefähr gegen die Mitte des Sees steht die Kapelle St. Quirin. Ihr gegenüber am westlichen Ufer quillt spärlich das bekannte Steinöl, Bergnaphta, vom gemeinen Volke Quirinus-Oel genannt.

Bei dem Dorfe **Gmund** verläßt die Mangfall den See und nimmt die Schlierach auf. Dieses Flüßchen kommt aus dem kleinen, aber gar freundlich zwischen hohen Bergen gelegenen Schliersee. Südlich erheben sich der breite Rücken des Jägerkammes und die Pyramide der Brecherspitze. Zwischen diesen beiden Bergen gelangt man durch ein schönes, steil aufsteigendes Hochalpenthal zum kleinen Spitzingsee. Sein Abzugswasser, die Valepp, stürzt von Fels zu Fels durch einen engen Paß zur Kaiserklause, dem letzten bayerischen Ort; dann schäumt es durch wilde Bergschluchten in Tyrol dem Inn zu.

Die Gewässer des Schliersees enthalten vortreffliche Salblinge, die von einem königl. Fischer in die Hofküche nach München geliefert werden. Die einladenden Ufer des Schliersees sowohl, wie auch der an der abfließenden Schlierach überaus anmuthig gelegene Markt **Miesbach** werden von Städtern gerne zum Sommeraufenthalte gewählt. Oestlich von Miesbach befinden sich großartige Steinkohlenbergwerke.

Die Mangfall nimmt in ihrem Laufe anfangs eine nördliche Richtung. Zwischen dem aufgehobenen Kloster **Weyarn** und dem Schlosse **Valley** befinden sich in der Tiefe des schönen Thales sehenswerthe, leider schwer zugängliche Tropfsteinhöhlen. Der Fluß ändert nun plötzlich seine Richtung beinahe südöstlich und erreicht an dem Markte **Aibling** mit einem besuchten Bade vorüber bei Rosenheim den Inn.

Durch ein liebliches, überaus fruchtbares Thal eilt in Niederbayern die Rott dem Inn zu. An ihr liegen die schönen Märkte **Neumarkt, Eggenfelden** und **Pfarrkirchen**. Die blühende Pferdezucht im Rottthale ist bekannt.

Am rechten Ufer nimmt der Inn die aus dem Chiemsee kommende Alz auf. Der Chiemsee wird, als das größte Wasserbecken unsers Vaterlandes, 4 St. lang und 4 St. breit, auch das bayerische Meer genannt. Seine Zuflüsse sind die Prien und die aus Tyrol kommende Achen. Die hellgrüne Wassermasse beherbergt eine Menge Fische und die Oberfläche wird durch zahlreiche Schwärme von Wasservögeln belebt.

Aus dem Spiegel des Sees erheben sich die drei Inseln Herrenwörth, Frauenwörth und die Krautinsel.

Herrenwörth, zwei Stunden im Umfang, enthält die schönen Gebäude der von dem Agilolfinger Tassilo II. 782 gestifteten, nun aber aufgehobenen Benediktiner-Probstei. In diesen großen Klosterräumen gründete der edle Herzog auch die erste öffentliche Schule Bayerns. Der gelehrte Grieche Dobda, Weihbischof von Salzburg, wirkte als Lehrer höchst segensreich an dieser neuen Anstalt. Die herrlichen Gebäude sind jetzt in ein Gast= und Bräuhaus um= gestaltet.

Frauenwörth ist kleiner. Darauf befinden sich außer einem freundlichen Dörfchen auch die guterhal= tenen Gebäude der ehemaligen adeligen Frauenabtei, Frauen=Chiemsee. Das Kloster, Benediktiner=Ordens, besteht jetzt wieder und ist damit ein weibliches Er= ziehungs=Institut verbunden.

Die kleine Krautinsel hat ihren Namen von den darauf befindlichen Gemüsegärten.

Ein Dampfschiff erleichtert den Verkehr auf der großen Wasserfläche. Die Ufer sind flach; aber im Süden steigen die Alpen in den herrlichsten Formen mächtig empor. Die Kampenwand und der Hoch= gern, gegen 6000' hoch, erheben sich unfern des Ufers; auch aus dem nahen Tyrol schauen ungeheure Bergriesen herüber.

Mit der Alz vereinigen sich die aus hohen Ge= birgsthälern herabrauschenden Quellen der Traun. An ihr liegt in paradiesischer Gegend **Stegsdorf** mit dem nahen, wirksamen Wildbade **Adelholzen** und dem sehenswerthen kgl. Eisenbergwerke, Hochofen ꝛc. **Maximilianshütte**.

Die schöne Stadt **Traunstein** ist auf einer An= höhe an der Traun und hat eine kgl. Saline. Die Soole wird von Reichenhall mittelst Druckwerke über hohe Berge und durch tiefe Thäler hieher geleitet.

Kurfürst Max I. ließ im Jahre 1616 durch seinen geschickten Hofbaumeister Simon **Reifenstuhl** das rühmliche Werk beginnen und vollenden.

Weiter nördlich an der Alz ist in schöner Umgebung der Markt **Trostberg**.

Der wichtigste Nebenfluß des Inn von dieser Seite ist die Salzach. Sie entspringt in Tyrol, wird schiffbar und bildet unterhalb Salzburg bis zu ihrer Vereinigung mit dem Inn die Grenze gegen Oesterreich.

An ihr liegen die Städte **Laufen**, **Tittmoning** und **Burghausen**. Der letztere Ort ist in einem tiefen Thale zwischen hohen Bergen. Auf steiler Höhe erhebt sich das großartige Bergschloß Burghausen mit seinen weitläufigen Gebäuden. Die Befestigung des Schlosses wird den Herzogen von Niederbayern zugeschrieben. In der Vorzeit diente die Burg zu einer Vormauer gegen Salzburg und zum Verwahrungsort vornehmer Gefangener. Ludwig der Bärtige, der streitsüchtige Herzog von Bayern-Ingolstadt, saß hier in Haft und starb auch daselbst 1447. Auch der schwedische General Horn lag hier in Fesseln. Schloß Burghausen war auch der Verwahrungsort der herzoglichen Schätze von Niederbayern. Nach dem Tode Georg des Reichen brachte Rupert die ungeheuren Reichthümer auf zahlreichen Wägen von hier nach der Rheinpfalz.

Die Salzach nimmt aus Bayern die das Berchtesgadener Ländchen durcheilende Achen, auch Alben genannt, auf. Nicht leicht bietet eine Gegend auf so kleinem Raume eine solche Vereinigung großartig wilder und auch wieder lieblicher Landschaften.

Der Glanzpunkt aber ist der 2 St. lange und 1/2 St. breite Königssee, auch Bartholomäus=See genannt. Er ist von fast senkrecht gegen 8000 Fuß aufsteigenden Kalksteinfelsen eingeschlossen. Der hohe Göll 8647', das steinerne Meer mit ewigem Schnee 9082' und der Watzmann mit seinen beiden Hörnern 9197' hoch schauen als gewaltige Riesen auf die grünlichen, tiefklaren Fluthen, die einen gar köstlichen Fisch, den Saibling, beherbergen. Berühmt ist das vielfache Echo auf dem See. Auf einem weit in den Wasserspiegel reichenden Vorlande liegt das Bartholomäus=Kirchlein. In der Nähe ist zwischen den Steinwänden des Watzmann eine unter dem Namen Eiskapelle bekannte Schneegrotte. Es ist dieses eine Art Gletscher aus einem Eisgewölbe bestehend, unter welchem ein Bach dampfend über Stein und Felsen hervorstürzt.

Gegen Süden steht der Königssee mit dem nahen, einsam gelegenen, von steilen Marmorfelsen umgebenen, kleinen Obersee in Verbindung. An der abfließenden Alben liegt der schöne Markt **Berchtesgaden**. Das herrliche kgl. Schloß war ehemals die Residenz gefürsteter Pröbste. An der Südseite des Ortes erhebt sich ein von unserm geliebten König Max II., dem großen Freund und Verehrer der schönen Natur aufgeführtes, höchst geschmackvolles Landhaus. Die Berchtesgadener Schnitzwaaren in Holz, Horn und Elfenbein sind weltbekannt.

In der Nähe befindet sich der Salzberg mit seinen unerschöpflichen Schachten von Steinsalz. Sehr lohnend und ohne Gefahr ist der Besuch des Berg=

werkes. Das Steinsalz wird zur Soole aufgelöst und in der hiesigen Saline zu Salz gesotten; der Ueberfluß aber kommt in der kunstreichen, von dem unsterblichen Reichenbach im Jahre 1817 zur Vollendung gebrachten Soolenleitung nach Reichenhall.

Westlich von Berchtesgaden liegt die Ramsau, ein Thal, das durch die großen Gegensätze des üppigsten Grüns und der gewaltigen, in den schönsten Formen ansteigenden kahlen Gebirge berühmt ist. Beinahe am Abschlusse des Thales breitet sich der kleine **Hintersee** aus.

Ein weiterer Nebenfluß der Salzach ist die **Saalach**. Sie bricht aus dem österreichischen Gebiete durch den sogenannten Steinpaß in unser Vaterland. An ihr liegt die Stadt **Reichenhall** mit dem vielbesuchten Bade **Achselmannstein**. Der Ort liegt sehr malerisch in einem Kranz von Bergen, von welchen der Staufen 6176' und der sagenreiche Untersberg 6748' hoch ist. Aus dem letztern wird sehr schöner Marmor gebrochen.

Reichenhall ist der Vereinigungspunkt der Soolenleitungen. Der Ueberfluß der Berchtesgadener Soole kommt hieher, und von hier wird das Salzwasser, das wegen Mangel an Holz nicht versotten werden kann, nach Traunstein und Rosenheim geleitet.

Die seit Jahrtausend bekannten und berühmten Salzquellen von Reichenhall, etwa 30 an der Zahl, entspringen tief unter der Erde und die Soole muß erst durch Druckwerke heraufgepumpt werden. Die reichhaltigste Quelle nennt man die edle oder die **Gnadenquelle**. Ihr Salzgehalt ist so stark, daß ihre

Soole sogleich versotten wird. Die schwächern Quellen verdunsten ihren zu großen Süßwassergehalt auf den Dorngradirhäusern. Die allzuarmen Quellen und das gewöhnliche Wasser werden durch einen 1/2 St. langen unterirdischen Kanal, Grabenbach genannt, in die Saalach geleitet. Die kgl. Salinengebäude, erst seit 1854 vollendet, sind eben so geschmackvoll als großartig.

Westlich von Reichenhall schauen von zwei Felsengiebeln die Ruinen der Burg **Karlstein** herab, deren Entstehung bis auf die Zeiten Kaiser Karl des Großen hinaufreicht.

Weiter nördlich nimmt die Salzach die aus dem schön gelegenen 3 St. l. und 1/2 St. br. Tachen- oder Wagingersee kommende Aachen auf.

So haben wir den südlichen Theil unseres Vaterlandes (mit Ausnahme der Stadt Lindau auf einer Insel des Bodensees, zum Stromgebiete des Rheines gehörend,) kennen gelernt und die schönsten Gegenden Bayerns durchwandert. Findet sich in unseren Alpenthälern auch nicht das milde und liebliche Klima der Main- und Rhein-Ufer, so sind sie dagegen in Hinsicht auf großartige Naturschönheiten unerreichbar.

Wie Ehrlichkeit und Biedersinn der Alpenbewohner bekannt sind, so verkündet ein in den Bergen weithin hallendes Gejauchze und Gejodel ihr Glück und ihre Zufriedenheit. Zahlreiche Heerden herrlichen Hornviehes weiden auf den mit saftigen Kräutern bewachsenen Höhen und niedliche Almhütten schauen einladend in das Thal. Viel Wild findet sich in den finstern Schluchten der Berge; hoch oben vom kahlen

Felsen schauen die Gemsen oft in zahlreichen Gesellschaften in die Tiefe herab. Gesunde und Kranke eilen während der Sommermonate selbst von entfernten Gegenden hieher, um von der Fülle des Segens zu genießen, welche Gottes gütige Hand über das bayerische Alpenland ausgegossen hat. Aber auch das Hügel- und Flachland vom Fuße der Gebirge bis zum Donaustrande erfreuen sich eines hohen Reichthums des Glückes. Zeigt sich auch die Natur hier nicht in so hehren Formen, so weilet der Blick doch recht gerne an den grünen, saftigen Wiesen längs der fischreichen Bäche und Flüsse und entzückt schweift das Auge über unübersehbare Flächen wogender Getreidefelder. Mit dankbarem Blicke schaut auch hier der glückliche Bewohner zu Dem empor, der mit unendlicher Liebe Keines seiner Geschöpfe vergißt.

Hauptnebenflüsse der Donau
von der linken oder nördlichen Seite.

Im Westen des Königreiches vereiniget sich bei Gundelfingen die kleine Brenz mit dem Strome. Das Flüßchen kommt aus Württemberg und dort findet man an seinem Ufer das Städtchen **Giengen**. In der Nähe dieses Ortes gab Herzog Ludwig der Reiche von Landshut glänzende Beweise seiner Tapferkeit. Es entspann sich wegen der Stadt Donauwörth, die nach Aussterben der Linie Bayern-Ingolstadt nach allem Rechte an Niederbayern fallen sollte, zwischen dem Kaiser Friedrich III. und Herzog Ludwig ein hartnäckiger Kampf. Der Kaiser hatte Donauwörth für erwiesene Gefälligkeiten zur freien Reichsstadt erhoben; allein Ludwig ließ sich sein gutes Recht nicht so leicht nehmen. Nach vergeblichen Unterhandlungen kam es zum Kriege. Der Herzog schlug nicht nur bei Gundelfingen das kaiserliche Heer, sondern erfocht namentlich bei Giengen über die Reichsarmee 1462 einen glänzenden Sieg. Die Bayern machten reiche Beute. Nun zeigte sich der Kaiser nachgiebig. Wenn auch die Stadt Donauwörth nicht gewonnen wurde, so kam es doch zu einem allgemeinen Landfrieden und durch Ludwigs ruhmreiche Waffenthat war die Ehre Bayerns gerettet.

Der bedeutendere Nebenfluß **Wörnitz** entspringt auf der **fränkischen Höhe**. Dieses mäßige Gebirg, auch **fränkischer Landrücken** genannt, übersteigt nur selten die Höhe von 2000', ist eigentlich ein gipfelarmes, breites Hochland, welches nur durch die tiefeingeschnittenen Thäler das Aussehen eines Gebirges erhält. Es sind diese Höhen eine Fortsetzung der schwäbischen oder rauhen Alp in Württemberg und ziehen sich in nordöstlicher Richtung bis zum Fichtelgebirge hin. Der Gebirgszweig, der sich zwischen der Wörnitz und der Altmühl bis an die Donau erstreckt, heißt seit uralten Zeiten **Hahnenkamm, Haynenkamp, Hunnenkamp,** wo der Sage nach der Hunnenkönig Attila sein Lager gehabt haben soll. Spuren von Schanzen, Gräben und Wällen sind noch sichtbar.

An der Wörnitz liegt die gewerbreiche Stadt **Dinkelsbühl** mit 6000 Einw.

An der Vereinigung der Sulzach, an welcher das Städtchen **Feuchtwangen** liegt, mit der Wörnitz finden sich deutliche Spuren der Teufelsmauer.

In der Nähe von **Wassertrüdingen** erheben sich der Spiel- und Hesselberg mit entzückender Fernsicht. Auf der Kuppe des Letztern wird jährlich ein besuchter Markt gehalten.

An der Stadt **Oettingen** vorüber vereiniget sich bei dem Flecken **Harburg** mit seinem alten, festen Schlosse die Eger mit der Wörnitz. Dieses Flüßchen durchläuft eine schöne, fruchtbare Fläche, das Rieß genannt, aus deren Mitte sich die Thürme der ehemaligen freien Reichsstadt **Nördlingen** erheben. Die 7000 Einw. treiben bedeutenden Handel, Wollentuch- und Teppichweberei. — Die Gänsezucht und der Verkauf von Federn sind eine wichtige Erwerbsquelle im ganzen Rieß.

Für die Katholiken gab es während des 30jährigen Krieges vor den Mauern Nördlingens 1634 einen siegreichen Tag.

Nachdem Gustav Adolph in der Schlacht bei Lützen 1632 das Leben verloren hatte, überfielen die Schweden, welche siegreich das Feld behaupteten, Bayern abermals und verübten die unerhörtesten Gräuel. Während die Feinde das Land verwüsteten, saß Wallenstein, der Feldherr für die katholische Sache, unbekümmert um Bayerns Elend in Böhmen. Da fiel dieser wankelmüthige Mann in dem Städtchen Eger durch Meuchelmord und Oesterreichs Kaiser übertrug den Oberbefehl über das Heer seinem Sohne Ferdinand. Ihm schlossen sich die Bayern an. Vereinigt eroberten sie Regensburg und Donauwörth und rückten bis Nördlingen vor. Hier kam es zur entscheidenden Schlacht. Das schwedische Heer erlitt namentlich durch die Tapferkeit der Bayern eine gänzliche Niederlage. Mehr als die Hälfte der Feinde wurde getödtet oder gefangen genommen, darunter General Horn, und eine ungeheure Zahl von Kanonen, Wagen, Pferden und Fahnen fiel in die Hände der Sieger.

Bayern war nun auf einige Jahre frei von Feinden; dafür kamen aber Plagen, schrecklicher als der Krieg über das südliche Deutschland. Hunger und Pest rafften mehr Menschen dahin, als das Schwert der Feinde. In München allein fielen 1634 binnen fünf Monaten 15,000 Menschen, die Hälfte der Bevölkerung, als Opfer der verheerenden Seuche. Der Jammer in unserm Vaterlande war über alle Beschreibung. Die Getreidefluren lagen unangebaut und viele Meilen weit waren Menschen und Hausthiere verschwunden. Das Elend erreichte eine solch furchtbare Höhe, daß man zu Ratten und Mäusen, zu Aas und selbst zum Fleische erhungerter Menschen seine Zuflucht nahm. Wölfe zeigten sich auf den Trümmern von verbrannten und verlassenen Dörfern und wühlten die Leichen aus dem Schutte.

Der Sieg bei Nördlingen gab den Katholiken ein großes Uebergewicht und der heißersehnte Friede würde gewiß zu Stande gekommen sein, hätte nicht Frankreich aus Eifersucht gegen die Uebermacht Oesterreichs das Feuer des schrecklichen Krieges geschürt. Den Schweden wurden 20,000 Mann Franzosen zur Verfügung gestellt und der furchtbare Kampf bis 1645 außerhalb unseres Vaterlandes fortgesetzt. Im Jahre 1643 erschienen die Franzosen in Württemberg und nahten sich unter schrecklichen Drohungen der Grenze Bayerns. Der bayerische Feldherr Werth zog dem Feinde furchtlos entgegen und vernichtete Schwedens Verbündete in der mörderischen Schlacht bei Tuttlingen an der Donau. Aus Frankreich kamen nun neue Verstärkungen; aber schon 1 Jahr später, den 25. April 1645, wurde der große französische Kriegsfürst Turenne durch bayerische Tapferkeit unter Anführung des Feldherrn Mercy bei Mergentheim in Württemberg gänzlich geschlagen. Schnell wechselte aber das Glück des Krieges. Am 6. Aug. desselben Jahres verlor Mercy bei Allersheim unweit Nördlingen Sieg und Leben. Er war nach Tilly Bayerns bester Heerführer. Unser Vaterland wurde nun schrecklich verwüstet und die Lage des Kurfürsten Maximilian war im höchsten Grade düster. Von dem Hause Oesterreich schwach unterstützt, schloß er mit dem schwedischen General Wrangel und dem Franzosen Turenne einen Waffenstillstand. Da suchte der von Oesterreich erkaufte Reitergeneral Werth die bayerischen Truppen ihrem Fürsten untreu zu machen und selbe zum Abfall an den Kaiser zu bewegen. Voll Entrüstung riefen aber die unerschütterlichen Scharen: „Tod dem, der am Max zum Verräther wird!" Johann v. Werth konnte sich nur durch schnelle Flucht retten.

Bayerns Kurfürst sah bald ein, daß der Waffenstillstand dem Lande mehr schade, als nütze, kündigte denselben und schloß sich 1647 aufs Neue der kaiserlichen Sache an. Schon im Mai des folgenden Jahres wurde das bayerisch=österreichische Heer bei=

nahe ganz vernichtet und nun wälzten sich die Franzosen und Schweden über unser Vaterland, gleich einem glühenden Lavastrome Alles vor sich her vernichtend. Es war dieses der vierte und letzte Einfall der Feinde in Bayern; er war aber auch der empörendste. Ganz besonders der nordische Mordbrenner Wrangel, der den Fluch von Hunderttausenden auf sich geladen, wüthete mit seinen entmenschten Schaaren mit nie gesehener Grausamkeit. Schwache Greise wurden bis zum Tode gequält, Kinder gespießt und zertreten, schwache Frauen mißhandelt. Neumarkt a. d. Rott, Pfarrkirchen, Erding, Freising, Landshut ꝛc. gingen theils in Rauch auf, theils litten sie schrecklich durch die zügellosen Soldaten. Das ganze Land vom Lech bis zum Inn wurde zur Wüste. Endlich rückten die Bayern und Oesterreicher wieder vor und vertrieben die rasenden Feinde. Der Unmensch Wrangel erlitt bei Dachau eine Niederlage, entkam mit Noth der Gefangenschaft und zog sich über Donauwörth schleunigst aus Bayern zurück.

Nach langem Unterhandeln kam es endlich den 24. Okt. 1648 zu Münster und Osnabrück in Westphalen zum Frieden. Den Protestanten und Reformirten wurden gleiche Rechte mit den Katholiken zugesichert; Bayern blieb in dem Besitze der Kurwürde und behielt die Oberpfalz. Das war das Ergebniß eines Krieges, der dreißig Jahre lang mit seltner Wuth in ganz Deutschland raste.

Bei Donauwörth wird der Strom durch die Wörnitz verstärkt.

Die Altmühl entspringt ebenfalls auf der frän-

9*

kischen Höhe. An ihr liegen **Leutershausen, Herrieden, Ornbau** und **Gunzenhausen**. In der Umgebung dieses Städtchens finden sich noch viele Spuren von dem einstigen Aufenthalte der Römer. Trümmer der Teufelsmauer und eines Kastells, wie auch entdeckte Gräber mit Aschenkrügen, Münzen und Waffen zeugen davon.

In einem herrlichen Thale ist die uralte Stadt **Pappenheim** mit berühmten Fabriken. Nordwestlich von hier, noch im Gerichtsbezirke, liegt unweit der Quelle der schwäbischen Rezat das Dorf **Dettenheim** weltberühmt durch den nahen Karls= oder Kaisergraben. So wird jenes unsterbliche Werk genannt, welches Karl der Große 793 begonnen hatte, um die Rezat mit der Altmühl und dadurch die Donau mit dem Main und Rhein zu verbinden und auf solche Weise die Schifffahrt aus dem schwarzen Meer in die Nordsee zu ermöglichen. Der Kanal hatte da, wo der Ursprung der Rezat dem Altmühlufer am nächsten liegt, bereits eine Länge von 2000 und eine Breite von 300 Schritten erreicht, als das Riesenwerk plötzlich aufgegeben wurde. Der Grund davon ist zweifelhaft. Noch in unsern Tagen sieht man deutliche Spuren dieses Unternehmens und das Dörflein **Graben** bei Dettenheim scheint von dem Graben des Kanales seine Entstehung und seinen Namen erhalten zu haben.

Karl der Große, König der Franken, war ein kluger und gütiger Herrscher. Nach der Entsetzung Tassilo II. kam Bayern unter seinen Szepter. Seine Regierung war aber für Bayern so segensreich, daß man mit stillschweigender Schonung auf die Gewaltthat gegen den letzten Agilolfinger hinblicken muß. Das Land blühte auf, denn der starke Arm Karls wußte die Grenzen Bayerns gegen räuberische Nachbarn zu sichern. In drei Feldzügen wurden die wilden Avaren, die im Osten in ungeheuren, wohlbefestigten Ringen wohnten, bis auf einen kleinen Rest aufgerieben und dadurch das Reich bis an die Raab ausgedehnt.

Im Norden unterlagen nach 31jährigem Kampfe die heidnischen Sachsen dem siegreichen Schwerte des Frankenkönigs und das unterworfene Volk nahm nach dem Beispiele seiner großen Heerführer Wittekind und Albion das Christenthum an.

In Spanien wurde die Macht der aus Afrika herübergedrungenen Sarazenen gebrochen und dadurch der weitern Ausbreitung der Religion Muhameds ein Ziel gesetzt.

Das ungeheure Reich Karls reichte von der Eider im Norden bis zur Tiber in Italien im Süden und vom Ebro in Spanien und dem atlantischen Ozean gegen Westen bis hinter die Raab und Theiß im Osten.

Nicht nur als Feldherr machte sich Karl einen unsterblichen Namen, er war auch groß als Regent; ganz besonders lag ihm die Wohlfahrt Bayerns am Herzen. Die berühmtesten Gelehrten wurden aus allen Weltgegenden herbeigerufen, um Aufklärung zu verbreiten und Vorurtheile und Aberglaube zu unterdrücken. An allen bedeutenden Orten erhoben sich Schulen und der große Fürst überwachte sie selbst. Bei seinem Erscheinen lobte er die Fleißigen und brohte den Faulen, namentlich den Kindern Vornehmer mit den ernsten Worten: „Bei Gott, euer Adel und eure zarten Gesichter gelten nichts bei mir. Von mir habt ihr Nichts zu hoffen, wenn ihr eure Trägheit nicht durch eifrigen Fleiß wieder gut macht!" Zur Ausbildung der Landessprache machte Karl selbst den Entwurf zu einer deutschen Sprachlehre und gab Winden und Monaten deutsche Namen.

Unter seiner ruhmreichen Regierung wurden die Gemeinden in Pfarreien getheilt und verordnet, daß man den Geistlichen den Zehent geben mußte. Die Kirchen wurden mit Orgeln und die Thürme mit Uhren versehen.

Nicht weniger kümmerte sich Karl um einen sorgfältigen Anbau des Landes und seine eigenen Meierhöfe dienten dem Acker- und Gartenbau als Muster. Ebenso wußte er durch weise Anordnungen den Handel zu beleben und das Emporblühen der Gewerbe zu befördern.

Mitten in diesem segensvollen Wirken kam Papst Leo III. mit einem glänzenden Gefolge persönlich zu Karl und rief ihn um Hilfe gegen den römischen Adel an. Sogleich eilte er nach Rom, züchtigte die Aufständischen und befestigte die Herrschaft des heiligen Vaters. Dafür setzte ihm am Weihnachtsfeste i. J. 800 während des feierlichen Gottesdienstes Leo III. die Krone eines römischen Kaisers auf das Haupt und Volk und Priester riefen jubelnd: „Leben und Sieg Carolo Augusto, dem von Gott gekrönten, frommen, großen und friedestiftenden Kaiser!"

Damit eröffnete Karl der Große auf eine höchst

würdige Weise die Reihe der deutschen Kaiser, welche die Krone des heil. römischen Reiches trugen, bis i. J. 1806 Franz II. die deutsche Kaiserkrone niederlegte und sich einfach Franz I., Kaiser von Oesterreich nannte.

Karl der Große starb hochbetagt nach einem thatenreichen Leben 814 zu Aachen und wurde in der Marienkirche daselbst begraben. Auf seine Gruft schrieb man: „Hier ruht der Leib Karls, des großen und rechtgläubigen Kaisers, der ruhmvoll das Reich der Franken erweiterte und es 47 Jahre glücklich beherrschte."

Dieser große Monarch war in Sprache und Gesinnung, in Kleidung und Lebensweise ein Deutscher. Er war ein Feind von Prunk und liebte die Mäßigkeit. In Mitte seiner Familie genoß er nur einfache Speisen und vergaß dabei nie armer und alter Mitmenschen. Seine Frau und seine Töchter webten ihm das Gewand und die Söhne mußten beständig beschäftigt sein.

Karl trug sein Siegel an dem Griff des Schwertes. „Was ich mit dem Siegel bekräftige," sprach er, „werde ich mit der Schärfe der Waffe zu vertheidigen wissen!"

Ein Jahr vor seinem Tode zog er sich in die Einsamkeit zurück, that Buße über seine Fehler und gab reichlich Almosen. Im J. 1177 wurde er von der Kirche in die Zahl der Heiligen gesetzt.

Die Nachfolger des großen Karl, Karolinger genannt, waren größtentheils ihres erhabenen Stammvaters unwürdig. Ludwig I., der Fromme, war der einzige Sohn, der den ruhmreichen Vater überlebte. Aber viel zu schwach, um ein so ungeheures Reich zu regieren, theilte er die Monarchie unter seine drei Söhne und wollte später zu Gunsten eines vierten Sohnes, Karl des Kahlen, eine neue Theilung vornehmen. Dadurch kam es zu einem schrecklichen Kriege und selbst der Tod Ludwig I. führte keine Versöhnung herbei.

Endlich, nachdem viel Blut geflossen war, kam es 843 zu Verdün zu einem friedlichen Vertrage. In Folge dessen erhielt von den Brüdern Ludwig II. zu Bayern auch das übrige Deutschland als einen von der fränkischen Monarchie gänzlich abgesonderten und unabhängigen Gebietstheil, nannte sich König der Deutschen und ward so der Gründer des deutschen Reiches.

Unter seinem Sohne Karl dem Dicken kam die ganze Macht Karl des Großen wieder unter einen Herrscher. Aber unfähig der hohen Würden wurde er entsetzt und starb arm und unbetrauert.

Nachdem Arnulph I. das gesunkene Reich gehoben hatte, starb mit Ludwig IV. dem Kinde 911 der Stamm der Karolinger aus.

Südlich von Pappenheim findet sich das Dorf **Solnhofen** mit einem weltberühmten Steinbruche. Die hier gebrochenen Schieferplatten, Solnhofer Steine, dienen namentlich zur Lithographie.

Senefelder, ein Münchner, erfand i. J. 1796 die Steinschrift und den Steindruck, wodurch sein Name eine welthistorische Berühmtheit erhielt.

Auch zu Tischen, Gesimsen ꝛc. werden die Platten

benützt und wandern in die entferntesten Länder. Sehr merkwürdig ist, daß man oft mitten im Gesteine Abdrücke von Blättern, Pflanzen, Käfern, Fischen ꝛc. findet.

Den vielen Krümmungen der Altmühl folgend erreicht man an der bekannten Eisenschmelz **Obereichstädt** vorüber in einem engen, steil abfallenden, aber hübschen Felsenthale die Bischofsstadt

Eichstädt mit einem Appellationsgerichte und 6000 Einw. Unter den Gebäuden zeichnen sich aus der Dom, mit dem Grabmale des hl. Willibald, die Kirche zur heil. Walburga mit den Gebeinen dieser Heiligen, die ehemalige Residenz der Herzoge von Leuchtenberg und die nahe Bergfestung **Willibaldsburg**. Das Bisthum Eichstädt verdankt sein Entstehen dem heil. Bonifazius. Willibald war der erste Bischof, welcher 741 die waldige Gegend lichtete und den Bau des Domes begann. Bald erhob sich auch eine freundliche Stadt, die aber während des 30jährigen Krieges von den Schweden fast gänzlich zerstört wurde. Eichstädt raffte sich aus dem Schutte wieder empor und erreichte seine höchste Blüthe gegen Ende des 18. Jahrhunderts. Das Fürstbisthum löste sich 1802 auf und kam zu Bayern. Seit 1819 ist die Stadt wieder Bischofssitz.

Weiterhin liegen die Städtchen **Beilngries** und **Dietfurt,** wo der Fluß schiffbar wird. In der Nähe des Marktes **Neuessing** ist in einem steilen Kalksteinberge die sehenswerthe Grotte Schulerloch oder Riebelshöhle. Der Eingang ist nahe am Ufer der Altmühl. Die Oeffnung geht schief in den Berg und breitet sich in mehrere Nebenzweige aus. Die Länge der Höhle mag 3000 — 4000' betragen; die Breite ist sehr verschieden. Die Tropfsteinbildung ist eigenthümlich.

Die Altmühl nährt sehr viele Fische und ganz besonders schmackhafte Krebse. Die Höhen an beiden Ufern sind reich an Schieferlagern. Bei Kelheim geht der Fluß in die Donau.

Der großartige Plan Karl des Großen, durch eine künstliche Wasserstraße die Donau mit dem Maine zu verbinden, wurde in neuester Zeit durch den schaffenden Geist des erhabenen Königs Ludwig I. 1846 ausgeführt. Es entstand der Ludwigskanal, der von Kelheim bis zur Einmündung in die Regnitz bei Bamberg 23 Meilen lang, oben 54 und unten 34 Fuß breit und 5 Fuß tief ist. Zur Uebersteigung der Höhen dienen 94 Kammerschleußen und zur Ueberschreitung von Thälern und Flüssen mehrere gemauerte Brückenleitungen.

Die Schiffe benützen, um in den Main zu kommen, die Altmühl bis Dietfurt. Unweit dieses Ortes beginnt der eigentliche Kanal, der sich nördlich an **Berching** vorüber zum Städtchen **Neumarkt** an der Sulz zieht. Hier erreicht die Wasserstraße die größte Höhenlage. Westlich an Nürnberg mit einem lebhaften Hafen, östlich an Fürth vorbei lauft der kühne Bau längs der Regnitz nach Erlangen und Forchheim und mündet bei Bamberg in den Fluß.

Durch die Entstehung der Eisenbahnen ist das großartige und kostspielige Werk etwas in den Hintergrund gedrängt worden.

Der folgende Nebenfluß, die schiffbare Naab, entsteht aus drei Quellen, deren wichtigste, die Fichtelnaab, im Fichtelgebirge am Fuße des 3528' hohen Ochsenkopfes entspringt.

Das Fichtelgebirge im Norden Bayerns besteht aus hartem Urgestein und ist auf weite Strecken mit mächtigen Fichtenwaldungen bewachsen; auch isländisches Moos findet man an dem Gestein. Die Berge sind sehr wasserreich und senden viele Bäche und Flüsse nach allen Richtungen in die Welt hinaus. Zahlreiche Heilquellen laden Kranke und Leidende zum Besuche der wildschönen Thäler ein. Die meistens unbemittelten, aber biedern Bewohner des Fichtelgebirges treiben Bergbau, namentlich auf Eisen, Kupfer, Blei und Marmor. Der feuchte, kalte Boden ist nicht sehr fruchtbar. Die bedeutendsten Höhen sind der Ochsenkopf, der Schneeberg und der Kösein; keine erreicht 4000 Fuß. Auf vielen felsigen Bergspitzen sieht man jetzt noch die Ruinen ehemaliger, fester Schlösser, meistens Schlupfwinkel gefürchteter Raubritter.

Die zweite Quelle der Naab, die Waldnaab, findet sich an der östlichen Grenze des Landes im Böhmerwalde.

Der Böhmerwald, dieses wilde und rauhe Gebirg, zieht sich in südöstlicher Richtung auf der Grenze zwischen Bayern und Böhmen bis an die Donauufer hin. Reißende Bergbäche stürzen aus finstern Schluchten, die oft in breite Thäler und unzugängliche Gebirgssümpfe enden. Felsenkuppen ragen in den schroffsten Formen himmelan, während die

Rücken und Abhänge der Höhen mit ungeheuren Wäldern bedeckt sind. In den düstern Waldungen und finstern Klüften fanden ehemals Flüchtlinge, Räuber und Mörder versteckte Höhlen zum sichern Aufenthalte. Auch den Raubthieren war diese schreckliche Wildniß ein willkommener Aufenthalt und noch in unserm Jahrhundert wurden gewaltige Bären erlegt. Wölfe und Luchse mögen wohl gänzlich ausgerottet sein; wilde Katzen sind noch zahlreich.

Außer Holz liefert das Pflanzenreich guten Flachs. Der Schooß der Erde birgt Eisen, Schwefelkies, Alaun, Porzellan- und Töpferthon, Quarz, Halbedelsteine ꝛc. Die Glasbereitung in zahlreichen Glashütten hat eine große Berühmtheit erlangt.

Die bedeutendsten Höhen sind der **Ossa**, der **Arber**, der **Rachel**, der **Lusen** und der **Dreisessel**. Sie erreichen 4000 — 5000 Fuß und liegen alle in Niederbayern.

Die Waldnaab rauscht an den Städtchen **Bärnau** und **Tirschenreuth** vorüber und vereiniget sich mit der Fichtelnaab. Der Fluß behält den Namen Waldnaab, bis er **Neustadt** mit dem Beinamen a. d. Waldnaab und **Weiden** hinter sich die Heidenaab aufnimmt und nun ausschließlich Naab heißt. Neustadt ist der Geburtsort des berühmten Tondichters Gluck. König Ludwig errichtete dem großen Meister auf dem Odeonsplatze in München ein Monument.

Die Haidenaab kommt aus dem Fichtelgebirge. An ihrem rechten Ufer erhebt sich ein regelmäßiger Basaltkegel 2368′ über die Meeresfläche, der rauhe

Kulm. Der freistehende Berg, mit lieblichen Kunstanlagen geziert, gewährt eine weit ausgedehnte, überraschende Fernsicht. Am Fuße ist das Städtchen **Neustadt am Kulm.** Der vereinigte Fluß eilt in südlicher Richtung durch bergige und waldige Gegenden nach **Pfreimt, Nabburg, Schwandorf,** in hoher, aber sehr schöner Lage, nach **Burglengenfeld** und fällt eine Meile westlich von Regensburg in die Donau.

Das Flußgebiet der Naab.

Der wichtigste Zufluß am rechten Ufer ist die bei **Vilseck** entspringende Vils. Die Gegend, wie überhaupt die Oberpfalz, ist reich an mit Fischen belebten Weihern, daher die Fischerei stark betrieben wird.

Südlich unweit der Vils liegt die schöngebaute Stadt **Sulzbach,** ehemals Residenz der Herzoge von Sulzbach.

Zu beiden Seiten des Flusses am Fuße des Mariahilfs-Berges (am Berg) findet sich die hübsche Stadt **Amberg** mit einem Appellationsgerichte und 9,000 Einwohnern. Unter den Gebäuden sind sehenswerth die schöne St. Martinskirche mit herrlichen Gemälden und hohem Thurme, das gothische Rathhaus und die ausgedehnten Räume der berühmten k. Gewehrfabrik. Auf dem Gipfel des Berges thront die Wallfahrtskirche Mariahilf.

Auf der hier schiffbaren Vils herrscht lebhafter Verkehr mit Regensburg. Bei dem freundlichen Markte **Kalmünz** vereiniget sich die Vils mit der Naab.

Von Osten her rauscht aus böhmischem Gebiete

durch düstere Waldschluchten die Pfreimt. Das Flüßchen durcheilt ein gebirgiges und rauhes Ländchen mit vielen Teichen und Weihern, unter benen sich der Pfrentschweiher durch Größe auszeichnet. Eine Menge Fische und wildes Geflügel bieten einigen Ersatz für den geringen Körnerertrag.

In einer waldigen und bergigen Gegend erhebt sich am rechten Ufer der Pfreimt die alte Burg **Trausnitz im Thale**. Nach der Schlacht bei Ampfing 1322 wurde der gefangene Friedrich der Schöne von Oesterreich zwischen die Mauern des festen Schlosses in Verwahrung gebracht. Drei Jahre saß hier in einsamer Haft der Unglückliche, in langen Stunden Pfeile schnitzend, während seine trostlose Gemahlin Elisabeth zu Hause sich blind weinte. Herzog Leopold, Friedrichs Bruder, wendete List und Gewalt zur Befreiung an; aber umsonst. Er verdoppelte seine Anstrengungen, um Ludwig den Bayer zu stürzen und brachte es wirklich dahin, daß der König von Frankreich und der Papst sich gegen Ludwig erklärten. Ohne hinreichenden Grund forderte der Kirche Oberhaupt, Johann XXII., den Bayer auf, der deutschen Krone zu entsagen und schleuderte, als dieß nicht geschah, den Bannstrahl auf des Kaisers Haupt.

In der Bulle versagte der Papst dem Fürsten jeden Ehrentitel und nannte ihn nur den Bayer. Für den edlen Herrscher war dieß der ehrenvollste Beiname, der ihm auch blieb.

In diesem schweren Kampfe, so mächtigen Feinden gegenüber, entfaltete Ludwig die ganze Größe seines Geistes. Er entschloß sich zu einer That, welche die Welt in Bewunderung setzte. Unvermuthet ritt der Kaiser von München nach Trausnitz. Die wohlverschlossenen Thore der Burg öffneten sich und der Bayer verkündete mit herzlichen Worten dem erschrockenen Friedrich die Freiheit ohne alles Lösegeld nur unter der Bedingung, daß er seinen Bruder Leopold zum Frieden bewegen wolle. Der Gefangene versprach es. Beide zogen nach München und feierten vor den Augen des erstaunten Volkes während des Gottesdienstes das Fest ihrer Versöhnung. Gemeinsam empfingen sie aus der Hand des Priesters das heilige Abendmahl, fielen sich um den Hals und küßten sich.

Friedrich nahm Abschied und reiste nach Wien. Vergebens bemühte er sich, dem ergrimmten Bruder friedliche Gesinnungen beizubringen. Nirgends fand er Gehör und darum kehrte der edle Mann, seinem Worte gemäß, wieder nach München in freiwillige Haft zurück. Welch glänzendes Beispiel altdeutscher Treue und Redlichkeit!

Kaiser Ludwig, von solchem Edelmuthe gerührt, empfing Friedrich voll Herzlichkeit. Die Freundschaft beider über ihr Zeitalter weit erhabener Männer wurde immer inniger und weder List noch Ueberredung vermochte diesen schönen Bund zu lösen.

Ruhig bekämpfte jetzt Ludwig der Bayer die wachsende Menge seiner Feinde, denn er hatte einen Freund gefunden, dem er während seiner Abwesenheit mit aller Zuversicht die Regierung und die Aufsicht über seine Familie anvertrauen konnte. Friedrich wachte über Beide, wie über sein eigenes Gut.

Mit Einwilligung der Stände zog der Bayer

1327 nach Italien, um dort das gesunkene kaiserliche Ansehen wieder herzustellen. Das Unternehmen war anfangs vom Glücke begünstiget. In Mailand mit der eisernen Krone geschmückt ging er nach Rom und ließ sich hier mit seiner Gemahlin zum Kaiser krönen. Auf Verlangen der Römer wurde Papst Johann XXII. entsetzt und Nikolaus IV. zum Nachfolger ernannt. So lange Ludwig Festlichkeiten gab und Geld aufwendete, war die Begeisterung der Italiener für ihn groß; sobald aber die Geldquellen versiegten, fielen sie von dem Kaiser ab und er ward zum Rückzuge genöthiget. Auf der Heimkehr kam der Bayer nach Pavia und schloß dort mit den Söhnen seines verstorbenen Bruders Rudolph den berühmten Hausvertrag 1329. Die Söhne Rudolphs waren noch immer nicht in dem Besitze ihres väterlichen Erbes und es war zu fürchten, daß auch sie noch feindlich gegen ihren Oheim aufträten. Um nicht Unruhen im eigenen Hause hervorzurufen, bestimmte Ludwig, daß die Rheinpfalz und ein Theil des Nordgaues an Rudolphs Nachkommen für immer eigenthümlich überlassen bleiben und daß alle wittelsbachische Besitzungen unveräußerlich sein sollten. Zugleich wurden gegenseitige Hilfeleistung, wechselseitiges Erbrecht und Wechsel der Kurwürde zur Bedingniß gemacht. Nun gab es in Bayern zwei Regentenlinien, die bayerische und die pfälzische, bis im Jahre 1777 erstere ausstarb und so die Länder wieder vereiniget wurden.

Nach München zurückgekehrt vollbrachte Ludwig unter den größten Stürmen und unter fortwährendem Kampfe viel Großes und Gutes. Er ordnete die Rechtspflege durch ein neues, deutsches Gesetzbuch, hob, wo er konnte, die Leibeigenschaft auf, belebte Handel und Gewerbe, und beförderte das Emporblühen der Städte. Obgleich im Banne erwies er der Kirche und den Klöstern aus reiner Ehrfurcht sehr viel Gutes. Er hätte sich so gerne mit dem Papste versöhnt, aber seine unerbittlichen Feinde vereitelten jeden derartigen Versuch. In dem Bewußtsein des Rechtes, mit reinem Gewissen und einem festen Gottvertrauen erreichte der große Fürst fröhlichen Muthes ein hohes Alter. Da erkühnten sich einige mißmuthige Kurfürsten Karl von Böhmen zum Gegenkaiser zu wählen. Ludwig war entschlossen mit Entwickelung seiner ganzen Macht mit einem Schlage alle seine Feinde zu bemüthigen; aber — es ereilte ihn bei Fürstenfeld plötzlich der Tod den 11. Oktober 1347. Seine Gebeine ruhen in der Frauenkirche in München, wo ihm Kurfürst Maximilian I. ein großartiges Denkmal aus Stein und Erz errichten ließ.

Die Schwarzach kommt aus Böhmen und durchfließt ein rauhes, stark bewaldetes, bergiges Land. Nahe an der Grenze liegt die kleine Stadt **Waldmünchen**, mehr westlich **Rötz**. Beide Orte treiben starken Garn- und Leinwandhandel. Unfern des Städtchens **Neunburg vor dem Walde** vereiniget sich die perlenreiche Ascha mit der Schwarzach.

In einigen Flüssen der Oberpfalz und Niederbayerns findet man eine Art Klaffmuscheln, in denen man nicht selten Perlen antrifft. Die Muscheln stehen als landesherrliches Eigenthum unter obrigkeitlicher Aufsicht und werden nach einer gewissen Zahl von

Jahren gefischt. Die Perlfischer wissen die fruchtbaren Muscheln von den leeren wohl zu unterscheiden, brechen die Schalen mit einer eisernen Gabel auseinander und holen die Perlen heraus. Der Fund einer vollkommen ausgebildeten Perle, welche wenigstens die Größe einer Erbse übersteigt, ist selten; denn die meisten sind klein, unansehnlich und braun gefärbt. Die wohl ausgebildeten Perlen stehen an Schönheit und Werth denen des Orients wenig nach. Mehr westlich geht die Schwarzach in die Naab.

Einer der wichtigsten Nebenflüsse des Donaustromes ist der Regen. Er hat seine Quellen, den großen und den kleinen Regen, tief in den düstern Thalschluchten des Böhmerwaldes. Brausend bahnen sich beide Bäche ihren Weg durch wildes Gestein, um sich bei dem Markte **Zwiesel** zu vereinigen. Der Fluß heißt nun schwarzer Regen. Die Umgegend dieses Ortes ist sehr mineralreich. In den Granitbergen findet man Glimmer mit Granaten und rosenrothem Quarz. Das in vielen großartigen Fabriken erzeugte Spiegel- und Krystallglas hat eine große Berühmtheit erlangt. Allbekannt sind die Glashütten in Rabenstein, Theresienthal, Frauenau, Oberzwieselau ꝛc. Auch Eisenvitriol, Vitriolöl, Scheidewasser und Eisen wird von hier aus in die Welt gesendet.

Der Regen scheidet die böhmischen Waldberge von dem mäßigern Regengebirge oder dem Bayerischen Walde. Während die mit düsterm Gehölze bedeckten Höhen von rauhen Lüften durchweht vom Thale des Regenflusses aus wenig Einladendes bieten, um so schöner und freundlicher ist die Landschaft an den sanften Abfällen hin bis zum Donaustrande. Den Gebirgsrücken überschritten, entzücken die herrlichsten Aussichten auf den majestätischen Strom und über die gesegneten Fluren Niederbayerns bis zur fernen Alpenkette. Geschützt vor rauhen Nordwinden gedeihen hier Getreide und Obst und die milde Luft ermöglichet an den Gehängen längs der Donau selbst das Fortkommen des Weinstockes. In dem rauhen Regenthale gedeihen Flachs und Haber. Von den edlern Getreidearten liefert der wenig fruchtbare Boden nur einen nothdürftigen Ertrag. Der Handel mit Garn und Leinwand ist lebhaft. Gute Wiesen begünstigen die Viehzucht; namentlich die Ochsenmastung bringt viel Geld in das Thal. Der Fluß enthält viele Perlmuscheln, Fische und Krebse. An den Märkten **Regen** und **Viechtach** vorüber geeilt, vereiniget sich der weiße Regen unweit **Kötzting** mit dem Flusse, der nun ausschließlich Regen heißt. Der weiße Regen kommt aus dem kleinen Arber-See, am Fuße des höchsten Berges im Böhmerwalde, des Arbers. Er durchrauscht eine düstere Gegend und dichtes Gehölz bedeckt beide Ufer. Der vereinigte Fluß erreicht, nachdem er die kleine Chamb, woran die uralte Stadt Furth liegt, aufgenommen hat, in freundlicher Gegend das lebhafte Städtchen **Cham**. Der Ort trägt jetzt noch Spuren von den schrecklichen Kriegsstürmen, die im Laufe der Zeit über ihn kamen. Das gräßlichste Loos verhängte aber der Pandurengeneral Trenk während des österreichischen Erbfolgekrieges über die Stadt. Nicht bloß daß er den Ort einäscherte, seine entmenschten Scharen schonten selbst Weiber und Kinder nicht.

Nordwestlich findet sich der Markt **Stamsried** mit dem nahen Weiler **Hilpersried,** wo im Jahre 1433 die Bayern glänzende Beweise ihrer Tapferkeit gaben.

Mit Beginn des fünfzehnten Jahrhunderts verbreitete Johann Huß, Rektor der Universität zu Prag, höchst verderbliche und unchristliche Lehren. Er wurde deßhalb vor die eben in Konstanz stattfindende Kirchenversammlung zur Verantwortung geladen. Kaiser Sigismund versprach ihm sicheres Geleit, jedoch mit Vorbehalt der Rechtsübung. Huß erschien, beharrte aber hartnäckig trotz aller Vorstellungen des Kaisers und der versammelten Väter auf seinen Irrlehren, wurde darum seiner priesterlichen Würde verlustig erklärt und der weltlichen Obrigkeit zur Bestrafung übergeben. Nach damaligem Gesetze verurtheilte diese den Irrlehrer zum Feuertode. Huß wurde lebendig verbrannt und seine Asche in den Rheinstrom gestreut. Gleiches Loos hatte ein Jahr später sein Schüler und Freund Hieronymus von Prag.

Johann Huß zählte in Böhmen sehr viele Anhänger. Als die Kunde von der grausamen Hinrichtung erscholl, griffen seine Glaubensgenossen wuthentbrannt zu den Waffen und rächten den Tod ihres Lehrers auf eine furchtbare Weise durch Ermordung vieler Tausende.

Johann Ziska, ein wahres Ungeheuer, stellte sich an die Spitze der wüthenden Menge. Mord und Verheerung bezeichneten den Weg der Hussiten.

Ringsum rötheten brennende **Klöster**, Kirchen, Dörfer und Schlösser den Himmel. Der Schrecken, welcher vor ihnen herging, verlieh den blutdürstigen Scharen meistens den Sieg; selten unterlagen sie im Kampfe. Die Tollkühnen wagten es einigemale, auch in Bayern einzufallen. Es war im Jahre 1433, als sie wieder aus Böhmen über die Grenze drangen und längs des Regenflusses über Cham und **Roding** sengend und brennend, mordend und plündernd bis zum Kloster **Walderbach** vorrückten. Da vernahm der Wittelsbacher Pfalzgraf Johann, ein Nachkomme Rudolphs und Herr der Oberpfalz, den Jammer seines Volkes, entbot schnell seine Getreuen und zog muthig den als unüberwindlich gefürchteten Rotten entgegen. Unterwegs schloßen sich viele kampflustige Landleute dem Pfalzgrafen an. Bei Hiltersried stießen die Bayern auf die schrecklichen Feinde und die Schlacht begann. Pfalzgraf Johann sank mit seinem Heere auf die Knie, hob hoch das bayerische Banner und flehte zum Herrn der Heerscharen: „Hilf mir zu dem Streit; alle Waffen sind dir geweiht!" Auf beiden Seiten wurde mit unglaublicher Erbitterung gekämpft. Lange schwankte der Sieg und erst als gegen Abend 2000 böhmische Leichen das Schlachtfeld bedeckten, glaubten es die Hussiten, daß der Bayer seinen heimatlichen Herd kräftig zu vertheidigen wisse, und liefen in wilder Flucht davon. Durch diesen Sieg blieb die Oberpfalz für alle Zukunft von weitern Einfällen der Hussiten befreit. Der tapfere Held Pfalzgraf Johann erhielt von diesem Tage an den Beinamen „Hussitengeißel."

Westlich von **Nittenau** bildet der Regen einen scharfen Winkel, von wo aus er sich südlich wendet und schiffbar wird. Das Thal gestaltet sich gegen **Regenstauf** schön und freundlich und üppiger Graswuchs und das Gedeihen aller Getreidearten bringen den Bewohnern Wohlstand. Bei der Vorstadt Regensburgs, Stadtamhof, verbindet sich der Fluß mit der Donau.

Die kleine Ilz hat ihre Quellen in sehr rauher, gebirgiger Gegend zwischen den hervorragendsten Bergen des Böhmerwaldes Rachel und Lusen. Ihren Namen erhält sie erst nach dem Zusammenfluß der großen und kleinen Ohe, an welch' letzterer das Städtchen **Grafenau** liegt. Brausend bahnt sich das Flüßchen den Weg bis zu dem reizend gelegenen Markte **Hals,** merkwürdig wegen des nahen Felsendurchbruches, wodurch der Ilz durch einen Berg von schwarzgrauem Granit ein neuer Lauf in einer Länge von 400' eröffnet wurde. Das unbedeutende Flüßchen trägt auf seinem Rücken eine große Menge Holz aus den schwer zugänglichen Schluchten der ungeheuren Wälder und vereiniget sein dunkles Gewässer bei **Ilzstadt,** einer Vorstadt von Passau, mit dem Strome.

In dem Bezirke zwischen der Ilz und der Landesgrenze spendet die Natur milchweiße Porzellanerde und schwarze Töpfererde, woraus die in der halben Welt verbreiteten sogenannten Passauer Schmelztiegel geformt werden. In einer der ehemals rauhesten Waldgegenden erhebt sich die großartige Ansiedlung **„Neue Welt."** Im vorigen Jahrhundert gegründet, bewohnen bereits über 8000 kräftige und schöne

Menschen fast durchaus zerstreut umherliegende Häuser und finden ihr Fortkommen.

So sind wir mit unserer Wanderung durch das nördliche Donaugebiet zu Ende gekommen. Haben wir hier zwar nicht die großartige Natur der Alpenthäler und nicht die reizenden Ufer berühmter Seen gefunden, so wird der Genügsame durch den Anblick der herrlichen Gegenden an der Wörnitz und Altmühl und die überraschenden Bilder an den Abhängen des Fichtelgebirges, des Böhmerwaldes und des Regengebirges volle Befriedigung finden. Burgruinen in malerischen Formen und oft staunenswerthem Umfange krönen nicht selten die Höhen.

Entzücken das Auge des Wanderers hier nicht goldene Getreidefelder mit den schweren, zur Erde gebückten Aehren, so bringen doch Flachs, Hanf und ein unerschöpflicher Reichthum an Holz vielen Gewinn; zudem begünstigen üppige Wiesen und ausgedehnte Weidenplätze die Viehzucht und die vielen Flüsse, namentlich aber die ungeheure Zahl von Weihern liefern eine Menge Fische. Scharen wilden Geflügels und Ueberfluß an Waldthieren beglücken den Jäger mit reicher Beute. Der gütige Schöpfer hat auch große Schätze an Mineralien in den Schooß der Erde gelegt. Die fleißige Hand der Bewohner fördert sie mit unverdrossenem Eifer zu Tage und entschädiget sich so für den geringeren Körnerertrag. So lebt auch hier ein zufriedenes Völklein ohne Ursache zur Klage. Auch in diesen Lauden wendet sich dankend der Blick himmelwärts zum allgütigen Vater und die Bitte: „Beschütze, o Herr! unser schönes, glückliches

Bayern und erhalte noch lange den milden Vater des Landes, unsern König!" schließt auch hier das Gebet des ebenso biedern, als treuen Unterthanen.

B. Der Rhein.

Beinahe der ganze übrige Theil unseres Vaterlandes gehört mit geringer Ausnahme zum Stromgebiete des Rheines.

Die Quellen des Rheines, des prächtigsten Stromes Deutschlands, stürzen von den Gletschern des St. Gotthard in der Schweiz tosend herab, vereinigen sich und so erstarkt erreicht der Strom bereits schiffbar den Bodensee. Diese großartige Wasserfläche, auch das deutsche Meer genannt, von lachenden Obsthainen und Weingärten, schweren Getreidefeldern, üppigen Fluren und kräftigen Waldungen umgeben, ist 8½ Meilen lang und 2 Meilen breit. Die nördlichen Ufer sind meist eben, gegen Süden aber steigen die freundlichen Berge Helvetiens empor, die sich gegen Konstanz hin wieder verflachen. In den oft spiegelglatten, dunkelgrünen Fluthen spiegeln sich reinliche Dörfer und belebte Städte, stolze Schlösser und Landhäuser und niedliche Fischerhütten. Eine Menge Dampfschiffe und andere Fahrzeuge durchfurchen die Gewässer nach allen Richtungen und befördern den Handel mit Getreide, Wein, Obst, Salz und Holz. Der See, welcher wegen plötzlicher Windstöße und Stürme nicht ohne Gefahr ist, nährt eine Menge Fische, von welchen der Weißgangfisch zum Handelsartikel wurde und das sogenannte Blaufellchen für eine Leckerei gilt. Große Scharen verschiedenartiger Schwimmvögel tummeln sich auf der Wasserfläche. Die ganze Gegend ist überraschend und an Naturschönheiten ausgezeichnet. Den besten Punkt zu einem Ueberblicke gewährt der Gebhardsberg bei Bregenz, auf österreichischem Boden. Eine merkwürdige Erscheinung ist der Ruhß, nämlich ein plötzliches Steigen und Fallen des Sees.

Von dieser großen Wasserfläche gehört zu unserm Vaterlande nur eine Strecke von zwei Stunden. Auf einer Insel erhebt sich in reizender Lage die bayerische Stadt **Lindau,** auch das deutsche Venedig genannt, jetzt durch den Eisenbahndamm, früher aber nur durch eine hölzerne Brücke mit dem Festlande verbunden. Die Römer sollen auf dieser Insel eine Festung angelegt und den See mit einer Flotte befahren haben. Berühmt ist der lebhafte Maximilianshafen mit seinen massiven Steindämmen, dem Leuchtthurme und dem kolossalen aus Stein gemeißelten bayerischen Löwen.

Die Umgebung von Lindau längs des Ufers ist ein herrliches Hügelland mit fruchtbaren Aeckern und Wiesen, zahllosen Obstbäumen und langgedehnten Weingärten.

Bei Steckborn verläßt der Rhein als Abzugswasser den Bodensee. Seine grünen Wogen wälzen sich über Steingeröll nach Schaffhausen und bilden hier einen weltberühmten Wasserfall. Donnernd stürzt der Strom über einen 60—70 Fuß hohen Felsenabhang. Die Erde erbebt und rauchend steigt blen=

benb weißer Qualm empor, in dem sich beim Sonnenglanze die herrlichsten Regenbogen bilden.

Bis Basel hält der Rhein eine westliche Richtung; hier krümmt er sich nordwärts, scheidet Baden von Frankreich und bildet dann die Grenze zwischen Baden und der Pfalz so, daß nur das linke Ufer längs dieses Bezirkes zum bayerischen Gebiete gehört. Weiterhin nimmt der Strom eine nordwestliche Richtung, durchfließt Rheinpreußen und Holland und ergießt sich in mehreren Armen, die eben so verschiedene Namen erhalten, in die Nordsee. Wohl auf keinem Flusse des gesammten Europas herrscht so lebhafter Verkehr, wie auf dem Rheine. An seinen Ufern sind aber auch die herrlichsten Landschaften ausgebreitet. Köstlicher Wein gedeiht an den Gehängen und von den Felsenhöhen schauen jetzt noch stolz, wenn gleich mit gebrochener Kraft, altersgraue Burgruinen herab auf die Fluth. Reiche Städte mit herrlichen Münstern spiegeln sich in den Wogen und zeugen von dem hohen Kunstsinne und der herzinnigen Frömmigkeit der Bewohner. In allen Jahrhunderten haben Dichter mit voller Begeisterung den Rhein besungen, den Strom Deutschlands, der rein, klar und hell ein Paradies durchfließt, wie kein Gewässer der Erde.

Die Hauptnebenflüsse des Rheines aus Bayern.

Der Strom nimmt an seinem rechten Ufer, also von Osten her, den für das nördliche Bayern wegen der Schifffahrt und des Handels hochwichtigen Main auf. Dieser Fluß entsteht aus der Vereinigung des rothen und des weißen Maines. Der erstere entspringt auf dem fränkischen Landrücken und durchfließt

Baireuth,

die Hauptstadt von Oberfranken. Sie ist Sitz der Regierung, zählt 15,000 Einwohner und ist schön und regelmäßig gebaut.

Unter den Gebäuden zeichnen sich aus die beiden kgl. Schlösser, einige Kirchen, das große, herrliche Opernhaus und die Kasernen. Die mit Alleen und schönen Spaziergängen umgebene Stadt bietet einen angenehmen Aufenthalt. Das nahe **St. Georgen am See** bildet eine Vorstadt.

Baireuth war früher der Hauptort des Fürstenthumes gleichen Namens. Die Beherrscher, Sprößlinge des Hauses Hohenzollern, führten den Titel eines Markgrafen. Der letzte Regent war Karl Alexander, der 1791 die Regierung niederlegte und den Besitz an den König von Preußen abtrat, der von demselben Geschlechte abstammte. Im Jahre 1806 kam die Stadt unter französische Verwaltung und 1810 wurde sie unserm Vaterlande einverleibt. Von der Herrschaft prachtliebender Fürsten zeugen drei sehenswerthe Lustschlösser in der herrlichen Umgebung von Baireuth. Die Eremitage, östlich gelegen, hat prächtige Anlagen mit den überraschendsten Aussichten. Unter den merkwürdigen Gebäuden, Wasserkünsten, Grotten und Statuen zeichnet sich vor Allem der Sonnentempel aus. — Das Schloß Phantasie, einer der schönsten Punkte unseres Vaterlandes, mit einem anmuthigen Parke umgeben, ist mehr von der Natur, als durch die Kunst zum Lustorte geschaffen. —

Sanspareil, d. h. unvergleichlich, ziemlich entfernt gelegen, ersteht in einer romantisch-schönen Gegend in Mitte prächtiger Anlagen. Hier haben Natur und Kunst einander schwesterlich unterstützt, um den Ort zu einem „Unvergleichlichen" zu machen.

Der weiße Main sprudelt rein wie Krystall aus einer Granitspalte des Fichtelgebirges, rauscht ungestüm von den waldigen Höhen und erreicht **Berneck**. Das kleine Städtchen liegt in einem Kessel hoher Berge von den Ruinen alter Burgen überragt. In dem hier mündenden Bache Oelnitz werden Perlenmuscheln gefischt.

Dicht an der wohlgebauten Stadt **Culmbach** erhebt sich in einer malerischen Gegend auf hohem Felsen die im Jahre 1808 von den Franzosen geschleifte Bergfestung **Plassenburg**, jetzt zu einer Zwangsarbeitsanstalt eingerichtet.

Bei dem Schlosse **Steinhausen** unfern der Stadt fließen die Gewässer des weißen und rothen Mains zusammen und heißen fortan Main. Durch ein schönes, gesegnetes Thal kommt der Fluß nach **Burgkundstadt**, **Lichtenfels** und **Staffelstein**. Letzteres Städtchen liegt am Fuße des Staffelberges, der nicht nur wegen seiner schönen Fernsicht, sondern auch wegen seiner vielen Versteinerungen und Abdrücke aus der Pflanzen- und Thierwelt besuchenswerth ist. In der Nähe erhebt sich der besuchteste fränkische Wallfahrtsort **Vierzehnheiligen**. Am rechten Ufer des Maines blicken von waldiger Höhe die ansehnlichen Gebäude der ehemaligen Benediktiner-Abtei **Banz**. Dieses schönste aller Schlösser Frankens mit entzückender Fernsicht ist jetzt Eigenthum Sr. K. H. des Herzogs Max von Bayern. Es enthält eine reiche Sammlung von Versteinerungen, die in der Nähe des Schloßberges gefunden wurden, darunter ein sehr großes, vollständiges, versteinertes Krokodil. Die herrliche Kirche mit ihren Freskomalereien ist sehenswerth.

Der Fluß macht nun eine bedeutende Ausbiegung gegen Süden, wie er überhaupt in großen Schlangenwindungen unser nördliches Vaterland durchzieht und erreicht, bereits Dampfschiffe auf seinem Rücken tragend, die Städtchen **Eltmann, Zeil** und **Haßfurt**. Von den Höhen schauen hie und da die Ueberreste von Burgen, die größtentheils während des Bauernkrieges ihren Untergang fanden. Der Thalgrund ist mild und enthält sehr fruchtbares Erdreich. Die Obstbäume gedeihen vortrefflich und allmählig bekleidet die Rebe die sanft ansteigenden Hügel.

Die ansehnliche und gewerbreiche Stadt **Schweinfurt**, ehemals freie Reichsstadt, zählt über 8000 Ew. Sie hat viele Bildungs- und Wohlthätigkeitsanstalten und sehr bedeutende Fabriken. Gustav Adolph, Schwedens König, wählte den Ort zu einem längeren Aufenthalte und stiftete das noch bestehende Gymnasium. Auch die Stadtbefestigung soll sein Werk sein. Die Umgebung ist freundlich. Grasreiche Wiesen breiten sich aus und begünstigen die Viehzucht außerordentlich.

Der Main richtet von hier seinen Lauf südlich nach **Wipfeld** mit dem nahen **Ludwigsbade**. Die Schwefelquelle mit dem neuerbauten prächtigen Kurhause ist berühmt. Auch eine Molken- und Kräuterkuranstalt ist mit dem Bade verbunden.

Noch mehr gegen Süden findet sich das herrliche Schloß **Gaibach**. In den schönen Gartenanlagen erhebt sich auf einer Anhöhe, der Sonnenberg genannt, die 110 Fuß hohe Constitutionssäule, im Jahre 1825 Max dem Geber und Ludwig dem Erhalter der Verfassung errichtet.

An **Volkach** und **Dettelbach** vorüber mehren sich die Weinberge namentlich von der bedeutenden Stadt **Kitzingen** an. Die Rebe gedeiht immer besser und der Traubensaft in der Gegend um **Rödelsee** zählt schon zu den besten Frankenweinen. — **Marktbreit** besitzt mehrere Fabriken. — In der wein- und getreidreichen Gegend von **Ochsenfurt** wendet sich der Fluß wieder nördlich nach **Eibelstadt**. Die Traube auf dem Alten-Berge wird zu den vorzüglichsten Frankens gerechnet.

In einer herrlichen Gegend zu beiden Seiten des Mains, dessen Ufer mit einer schönen Brücke verbunden sind, begegnet uns von Weinbergen umkränzt die Hauptstadt Unterfrankens

Würzburg.

Sie zählt gegen 30,000 Einw., ist der Sitz eines Bischofes und der Kreisregierung. Eine der ältesten und merkwürdigsten Städte Deutschlands war sie länger als ein Jahrtausend die Residenz einer langen Reihe von Bischöfen und Fürstbischöfen. Palastähnliche Gebäude, reich geschmückte Kirchen, Klöster und Wohlthätigkeitsstiftungen sind darum sehr zahlreich. Unter allen Bauwerken behauptet die kgl. Residenz, früher bischöfliches Schloß, den ersten Rang. Sie ist einer der prächtigsten Paläste Europas mit Marmor und Vergoldung ausgestattet. Die Keller unter dem Schlosse mögen wohl die größten Deutschlands sein; sie enthalten die köstlichsten Weine des Frankenlandes. Ein weiterer Prachtbau ist das Juliusspital mit dem botanischen Garten.

Unter den Kirchen nimmt der Dom zu St. Kilian mit seinen drei Thürmen die erste Stelle ein. Das schönste Gotteshaus, im zierlichsten, reinsten gothischen Style, ist die Marienkapelle. Zahlreich sind die Anstalten für Wissenschaft und Unterricht; an ihrer Spitze steht die Universität.

Auf der 400 Fuß über den Fluß aufsteigenden Felsenhöhe erhebt sich kühn die Festung **Marienberg**. Schon die Römer hatten hier ein Castell, woraus später die Bischöfe die Burg schufen. An den steilen Abfällen des Berges, die Leiste genannt, wächst die köstlichste Traube, deren Saft den König der Frankenweine, den edlen Leistenwein liefert. Unterhalb der Stadt ist am rechten Ufer der Steinberg, an dessen gesegneten Abhängen die freigebige Natur den feurigen Steinwein spendet.

Die herrlichen Länder zu beiden Seiten des Maines waren früher in dem Besitze mehrerer freier deutscher Stämme, daher der Name Franken, das heißt freie Männer, und bildeten ein Herzogthum. Unter der Regierung Gosberts kam im Jahre 686 der hl. Kilian, ein gottbegeisterter Mönch aus Irland, und verbreitete mit seinen frommen Gefährten Kolonat und Totnan unter unsäglichen Mühen das freundliche Licht des Christenthums. Selbst der Herzog ließ sich in der göttlichen Lehre unterweisen und mit vielen seiner Unterthanen taufen. Der heilige Eifer Kilians war in diesen Gegenden mit großem Erfolge gesegnet, bis er endlich ein Opfer der Rache eines gottlosen Weibes wurde. Der Glaubensheld ermahnte Gosbert, der die Wittwe seines Bruders zur Gemahlin hatte, die verbotene Ehe zu lösen. Dieß gedachte ihm die boshafte Frau und ließ während des Herzogs Abwesenheit den frommen Mann mit seinen beiden Gefährten ermorden. Die dankbare Christenheit verehrt fortwährend den heil. Kilian als den Apostel der Franken.

Später erschien der heil. Bonifazius, der im Jahre 741 zu Würzburg ein Bisthum errichtete. Der heil. Burkhard war der erste Bischof. Das Herzogthum wurde von dem Frankenkönige eingezogen und ein großer Theil des Gebietes an den neuen Kirchensprengel vergeben. Zudem vergrößerte sich durch Schenkungen der Besitz immer mehr, so daß daraus der große Gebietsumfang des Fürstenthumes Würzburg unter der Regierung von Fürstbischöfen entstand. Der Bauernkrieg mit seinen Gräueln brachte schreckliches Unheil über Stadt und Land. Mit dem Erscheinen des frommen Bischofes Julius Echter 1573 leuchtete über Würzburg ein glücklicher Stern. Der edle Fürst stiftete die Universität und erbaute das Juliusspital, in dem gewöhnlich über 1000 Kranke, Alte und Wahnsinnige Obdach und Pflege erhalten. König Ludwig I. errichtete dem großen Manne ein Denkmal.

Die Schrecknisse des dreißigjährigen Krieges verbreiteten sich auch über die Gegenden am Maine. Das Volk verarmte, erholte sich jedoch unter der milden Regierung nachfolgender Bischöfe langsam wieder. Im Jahre 1802 wurde das geistliche Fürstenthum Würzburg aufgelöst und 1814 bleibend mit Bayern vereiniget, nachdem es in der Zwischenzeit von dem französischen Kaiser Napoleon I. unter dem Titel eines Großherzogthumes an Ferdinand Joseph von Toskana verliehen war.

Auf dem belebten Flusse erreicht man zwischen herrlichen Hügelreihen **Karlstadt.** Auf dem Berge gegenüber sind die Trümmer der Karlsburg, angeblich ein Werk von Kaiser Karl dem Großen.

An dem malerisch gelegenen Städtchen **Gemünden** vorüber gelangt man an den Abhängen des Spessart zur ansehnlichen Stadt **Lohr.** Der Main macht hier eine gewaltige Ausbiegung gegen Süden und umgränzt so auf drei Seiten das mit Eichen, Buchen und Nadelholz dicht bewaldete Spessart-Gebirg. Die Luft ist in diesen Bergen rauh und nur Sommerfrüchte und Kartoffeln gedeihen. Die genügsamen Bewohner beschäftigen sich größtentheils mit Holzfällen, Kohlenbrennen und Bergbau. Als der hervorragendste Punkt gilt der 2000' hohe Geiersberg.

Am linken Mainufer erhebt sich unfern der Landesgrenze auf einem einzeln stehenden Tuffsteinfelsen eines der ältesten Schlösser Frankens, **Homburg.** An den nahen Hügeln wächst ein ausgezeichneter Wein, der Kalmuth.

Die Ufer werden immer reizender und es entrollt sich eine Reihe ungewöhnlich schöner Landschaften. Der Fluß wälzt seine Wogen durch ein wahres Paradies nach **Prozelten, Miltenberg, Klingenberg,** berühmt durch seinen köstlichen, rothen Wein, und **Obernburg**. Die Berge treten jetzt zu beiden Seiten mehr zurück, die Ufer verflachen sich und die Thürme der Stadt **Aschaffenburg** begrüßen uns freundlich.

Aschaffenburg ist der Sitz des Appellationsgerichtes und zählt 9000 Einw. Jahrhunderte lang war die Stadt Sommerresidenz der Kurfürsten von Mainz. Das Schloß bildet ein gewaltiges Viereck aus rothen Quadern mit fünf hohen, starken Thürmen versehen. Die Schloßgräben sind in anmuthige Spaziergänge verwandelt. Sehenswerth ist das von König Ludwig erbaute Pompejanum, nach dem Muster eines zu Pompeji ausgegrabenen Hauses aufgeführt und mit Wandgemälden geschmückt. Unter den Gotteshäusern ist die gothische Stiftskirche bemerkenswerth.

Unfern der Stadt befindet sich der „Schöne Busch," ein herrlicher Park, ausgezeichnet durch seinen Reichthum an ausländischen Holzarten und das reizend gelegene kgl. Lustschloß.

Aschaffenburg bildete ehemals einen Theil des Kurfürstenthumes Mainz. Mit Anfang des gegenwärtigen Jahrhunderts wurde es ein gesondertes Fürstenthum, kam aber im Jahre 1810 zu dem Großherzogthume Frankfurt und 1814 an die Krone Bayerns.

Der Main verläßt in nordwestlicher Richtung unser Vaterland und eilt an der freien Stadt Frankfurt vorüber dem Rheine zu, mit dem er sich der Festung Mainz gegenüber vereiniget.

Das Flußgebiet des Mains.

Ein sehr wichtiger Nebenfluß am linken oder südlichen Ufer ist die Regnitz. Sie entsteht aus zwei Quellen, der fränkischen und schwäbischen Rezat. Die erstere kommt von der fränkischen Höhe und bespült in einem eben so anmuthigen als fruchtbaren Thale die Hauptstadt von Mittelfranken

Ansbach.

Sie ist der Sitz der Kreisregierung, eines protestantischen Consistoriums und zählt gegen 13,000 Einwohner. Das kgl. Schloß, ehemals Residenz der Markgrafen von Ansbach, ist sehenswerth und mit prächtigen Gärten und Anlagen umgeben. Unter den Gotteshäusern ragen die Johanniskirche, die St. Gumbertus-Stiftskirche und die neue katholische Kirche besonders hervor.

Die schönen Plätze und schattigen Spaziergänge, mehrere ansehnliche Gebäude und die Regelmäßigkeit des neuen Stadttheiles geben diesem Orte ein sehr freundliches Aussehen.

Das Fürstenthum Ansbach stand, wie Bayreuth, unter der Herrschaft der Hohenzollern, die den Titel eines Markgrafen führten. Carl Alexander, unter welchem beide Länder vereiniget waren, legte 1791 die Regierung nieder und trat die Fürstenthümer an Preußen ab. Im Jahre 1806 wurde aber Ansbach dem Königreiche Bayern einverleibt.

Oestlich von hier liegt auf einer Insel der Rezat

das feste Schloß **Lichtenau**, gegenwärtig als Zuchthaus für große Verbrecher eingerichtet. Zu beiden Seiten des Flusses sieht man Tabakfelder. Die Umgegend der Stadt **Spalt** ist hochberühmt wegen seines Hopfenbaues. Das herrliche Produkt bringt jährlich große Geldsummen in das Thal.

Bei dem Dorfe **Georgensgemünd** vereiniget sich mit der fränkischen, die weit schwächere schwäbische Rezat, die ihre Quelle bei dem Dorfe Dettenheim, unweit des Altmühlthales hat. An diesem Flüßchen findet sich in schöner Gegend die wohlgebaute Stadt **Weißenburg** mit der nahen, starken Bergfestung **Wülzburg**.

In **Ellingen** sind die weitläufigen Schloßgebäude mit großartigen Gartenanlagen des Fürsten v. Wrede.

Der vereinigte Fluß nimmt den Namen Rednitz an und berührt das sehr gewerbthätige Städtchen **Roth**. Unfern des linken Ufers erhebt sich die ansehnliche Stadt **Schwabach**. Sie ist ein bedeutender Fabrikort und der Hauptsitz der Nadelfabrikation vielleicht für ganz Europa. Nur an gewöhnlichen Nadeln soll man hier wöchentlich über vier Millionen Stücke verfertigen. Außerdem werden hier Gold- und Silberdraht, Maultrommeln, Stahlfedern, Wachstuch, Spielkarten, Strümpfe, Siegellak, Papier 2c. bereitet und in die Welt versendet.

Die blühende Handels- und Fabrikstadt **Fürth**, die in Verfertigung sogenannter kurzer Waaren mit dem benachbarten Nürnberg wetteifert, hat über 17,000 Einwohner, darunter 2600 Juden, die hier eine hohe Schule und 2 hebräische Druckereien haben.

Unterhalb Fürth vereiniget sich die Pegnitz mit der Rezat und der Fluß heißt nun Regnitz.

Durch meist ebenes Land erreicht man die schöne, größtentheils regelmäßig gebaute Stadt **Erlangen** mit 11,000 Einw. Die protestantische Universität wurde 1743 von dem Markgrafen Friedrich Alexander von Bayreuth gegründet. Vor dem Gebäude der Hochschule erhebt sich das Standbild des Stifters.

Die Stadt verdankt ihre regelmäßige Anlage einem großen Brande, der 1706 den größten Theil der Häuser zerstörte, und ihren Wohlstand französischen Reformirten, die als Flüchtlinge 1686 hier aufgenommen wurden und ihren Gewerbfleiß hieher verpflanzten.

An den Städtchen **Baiersdorf** und **Forchheim** vorüber erreicht der schiffbare Fluß in einer fruchtbaren Gegend, die einem ungeheuren Obst- und Gemüsegarten gleicht, die reizend auf fünf Hügeln gelegene Stadt **Bamberg.** Sie zählt über 21,000 Einw. und ist der Sitz eines Erzbischofes und des Appellationsgerichtes. Die Stadt besitzt mehrere wissenschaftliche Anstalten und eine berühmte Bibliothek. Unter den Gebäuden ragt der prachtvolle Dom mit seinen vier kühn emporstrebenden Thürmen weit empor. Das Denkmal des Erbauers, Kaiser Heinrich II., des Heiligen, und seiner Gemahlin Kunigunde befindet sich in der Mitte des Schiffes. — Die neue Residenz ist, obwohl unvollendet, dennoch ein ansehnliches Gebäude. Durch eine schöne Kettenbrücke über den nördlichen Regnitz-Arm ist die Vorstadt mit der Stadt verbunden.

Sehr blühend ist die Gewerbthätigkeit der Bamberger. Die große Zahl der Gärtner, wohl 600, hat sich durch das vorzügliche Gemüse einen großen Ruf erworben und in der Residenzstadt München besteht ein eigener Marktplatz für die Küchengewächse Bambergs. Außerdem gedeihen in der milden Gegend feines Obst und Süßholz; selbst der Weinstock findet sein Fortkommen.

Bei Bamberg mündet sich der Ludwigskanal in die Regnitz, die von hier an mit Dampfschiffen befahren wird.

Unmittelbar vor der Stadt liegt auf einer Anhöhe die Altenburg oder Babenburg. Hier saß und starb der lombardische König Berengarius als Gefangener; hier war es auch, wo 1208 Pfalzgraf Otto von Wittelsbach den Kaiser Philipp ermordete. Die Burg wurde 1553 von dem Markgrafen Albrecht von Bayreuth zerstört; obgleich wieder hergestellt, fehlt noch gar viel von ihrer ehemaligen Pracht. Die Aussicht von dem runden Wartthurme ist eine der schönsten in Franken.

Das Bisthum Bamberg wurde von dem frommen Kaiser Heinrich dem Heiligen und seiner tugendhaften Gemahlin, der hl. Kunigunde, gestiftet. Die Bischöfe hatten gleich anfangs auch weltliche Macht über das umliegende Gebiet, welches sich nach und nach bedeutend vergrößerte; darum wurden die geistlichen Herrscher später Fürstbischöfe genannt. In der Reihe der Bamberger Bischöfe glänzen hochverdiente Männer, die sich für das Wohl ihrer Unterthanen unsterbliche Verdienste sammelten. Im Jahre 1802 kam das

Fürstenthum Bamberg zu Bayern und 1814 wurde die Stadt der Sitz eines Erzbischofes.

Nur eine kurze Strecke nördlich vereiniget sich die stattliche Regnitz mit dem sanft dahinfließenden Maine.

Das Flußgebiet der Regnitz.

An der kleinen Schwarzach liegt die wohlgebaute, durch den blühenden Hopfenbau berühmte Stadt **Altdorf**.

Der nächste Nebenfluß, die **Pegnitz**, hat seinen Ursprung unweit der Quelle des rothen Maines. Durch eine hügelige Gegend windet er sich zum Städtchen **Velden**, mit einer nahen, bekannten Höhle, das Geisloch genannt, die in ihrem geräumigen Innern schöne Tropfsteinmassen enthält und darum von Freunden der Natur häufig besucht wird. Schon in weiter Ferne gewahrt man auf der bedeutendsten Höhe der Umgebung die Mauern der alten Burg **Hohenstein**. Von dem Wartthurme genießt man eine überraschende Aussicht, die nur im Norden und Osten durch die nahen Waldgebirge begränzt ist. Zahlreiche Bergschlösser ragen ringsum auf Felsengipfeln empor. Die Städte Lauf und Nürnberg und die Gegenden von Hersbruck, Altdorf und Erlangen liegen ausgebreitet vor dem entzückten Auge. Gegen Westen in geringer Entfernung ist auf nur wenig niederer Kuppe die geräumige Bergfestung **Rothenberg** erbaut, gegenwärtig als Verwahrungsort für Staatsverbrecher benützt. Am Fuße der Feste liegt der Markt **Schnaittach**.

Die Städtchen **Hersbruck** und **Lauf** sind bekannt durch den reichen Bau von ausgezeichnetem Hopfen.

Rechts den Sebaldusforst, links den Laurenzi Wald mit dem Moritzberge erreicht die Pegnitz auf einer sandigen, aber trefflich angebauten Ebene die alte und berühmte Stadt

Nürnberg.

Die meist alterthümlichen, aber großartig gebauten Häuser mit ihren hohen Giebeln und Erkern, die meist winkeligen Straßen, die vielen Kirchen, Thürme und Thürmchen geben ein anschauliches Bild der Städte im Mittelalter.

Nürnberg zählt gegenwärtig an 60,000 größtentheils protest. Einw. und ist nach München Bayerns wichtigste Stadt.

Mit Graben und Mauern umgeben, von welchen eine große Anzahl fester Thürme hervorragen, wird sie von der Pegnitz in zwei ziemlich gleiche Hälften getheilt, die durch acht Brücken, darunter eine Kettenbrücke, verbunden sind. Unter den Gebäuden zeichnen sich aus: die St. Sebalduskirche mit dem größten Meisterwerke deutscher Kunst, dem Grabmale des hl. Sebaldus von dem unsterblichen Erzbildner Peter Vischer nach 13jähriger Arbeit vollendet; die Lorenzkirche mit dem berühmten Sakramentshäuschen und den beiden kühn emporstrebenden Thürmen. Prachtvolle Glasgemälde schmücken das Innere des großartigen Tempels. Das Rathhaus enthält viele Merkwürdigkeiten.

Verschiedene Brunnenstandbilder zieren die Straßen und Plätze; unter allen ist aber der Schöne Brunnen auf dem Hauptmarktplatze zu nennen, der mit wunderbollen Bildwerken geziert als ein bewundertes Meisterwerk sich 60 Fuß hoch erhebt.

Hoch auf steilen Sandsteinfelsen thront die alte Reichsfeste, einst Sitz mancher Kaiser und der Burggrafen von Nürnberg. Sie birgt viele Sehenswürdigkeiten und bietet eine herrliche Aussicht.

Nürnberg war schon vor Jahrhunderten und ist heute noch eine der berühmtesten Fabrikstädte. Jedes Kind weiß ja von Nürnberger Lebkuchen und Spielwaaren zu erzählen. Wer wollte aber die Tausend und tausenderlei Gegenstände aufzählen, die von hier selbst in die entferntesten Gegenden der Erde wandern!

In Hinsicht auf Kunst und Gewerbe hat die Stadt einen großen Ruf und ihre trefflichen Erfindungen werden den Ruhm der spätesten Nachwelt verkünden. Die Ziehplatte zum Drahtziehen, das Pedal an den Orgeln, die Sackuhren, wegen ihrer Form lange Nürnberger Eier genannt, das Messing, die Windbüchse, die Clarinette und die Schlösser an den Gewehren fanden hier ihre erste Entstehung. Ebenso werden die Namen Albrecht Dürer, Sandrart, Peter Vischer, Pirkheimer, Hans Sachs, Behaim ꝛc. unaufhörlich in der Geschichte fortleben.

Die Entstehung Nürnbergs ist in tiefes Dunkel gehüllt. Unter kaiserlicher Gunst im Jahre 1219 zu einer freien Reichsstadt erklärt, wuchsen schon sehr frühzeitig Macht und Ansehen und mit dem Fleiße auch der Reichthum der Bürger. Trefflicher Landbau in der Umgebung, ein thätiger Handelsgeist im Innern der Stadt begründeten den allbekannten Wohlstand. Neben der Reichsstadt bestand auch ein kaiserliches Burggrafenthum. Die Herren desselben, Grafen von Hohenzollern, dehnten ihre Macht immer mehr aus und Bayreuth und Ansbach wurden im Laufe der Zeit mit ihrem Besitze vereiniget. Nürnbergs Burggrafen Friedrich VI. belehnte Kaiser Sigmund 1417 mit der Mark Brandenburg; so wurde Friedrich der Stammvater des noch regierenden preußischen Königshauses.

In den Mauern Nürnbergs tagte öfters die Reichsversammlung und im Jahre 1423 wurde die Stadt als Aufbewahrungsort der Reichskleinodien, Krone und Schwert Karl des Großen 2c., bestimmt.

Den höchsten Glanz erreichte Nürnberg gegen das Ende des Mittelalters mit Beginn des sechszehnten Jahrhunderts und die Stadt zählte über 90,000 Seelen. Weltereignisse, die den Handelsweg veränderten und die blutige Geisel des 30jährigen Krieges machten den Glanz der berühmten Reichsstadt erbleichen. Bei den größten Wirren der Zeit bewahrte sie aber ihre Selbstständigkeit als gesonderter Staat, bis im Jahre 1806 die Vereinigung mit Bayern erfolgte. Seit dieser Zeit lächelt wieder das Glück den biedern, rührigen Bewohnern, deren Zahl wieder bis gegen 60,000 angewachsen ist.

Wir erreichen nun die muntere, klare und forellenreiche Wiesent, ein Flüßchen, das mit vielen und großen Krümmungen ein Ländchen bewässert, welches bei einer geringen Ausdehnung so viele Schönheiten und Merkwürdigkeiten für den Naturfreund entfaltet, wie nicht leicht eine Gegend Deutschlands. Dieser kleine Bezirk lockt jährlich Tausende herbei, um die anmuthigen Thäler, die malerischen Felsenhöhen in den seltsamsten Formen, die Menge von großartigen Burgruinen und tief im Bauche der Erde in ungeheuren Höhlen und Grotten die überraschendsten Steingebilde und Ueberbleibsel von Thieren aus der Vorwelt zu schauen. Letztere haben fast alle Sammlungen dieser Art in Europa bereichert und dadurch auch den großen Ruf dieses Bezirkes, gewöhnlich die fränkische Schweiz genannt, begründet.

Nordwestlich von **Hollfeld** ist die Quelle der Wiesent. Bei **Rankendorf** verengt sich das Thal und es entrollt sich nun eine Reihe der herrlichsten Landschaftsbilder in reicher Abwechslung. Das alte Städtchen **Weischenfeld** ist höchst anmuthig gelegen und von alten Wartthürmen und Burgtrümmern umkränzt. In geringer Entfernung findet sich die Förstershöhle, welche ohne alle Mühe besucht werden kann. Ein bequemer Gang führt den Wanderer in ein domartiges Gewölbe mit den schönsten Tropfsteingebilden, die bei Beleuchtung einen überraschenden Anblick gewähren.

Die mit Zinnen und Warten geschmückte Burg **Rabenstein** schaut trotzig von hohem Kalksteinfelsen herab. In ihrem Innern zeigt man eine große Anzahl der in der Umgebung aufgefundenen Reste urweltlicher Thiere, mit welchen namentlich auch die nahe Rabensteinhöhle angefüllt ist. Sehenswerth ist die großartige Ludwigsgrotte. Von Felsen der seltsamsten Gestaltungen umgeben erhebt sich das früher weitläufige, theilweise noch erhaltene Raub-

Schloß **Rabeneck**. Die **Riesenburg**, eine wilde Felsgruppe bei dem hoch auf dem Gebirge gelegenen Dörfchen **Engelhardsberg**, gewährt eine reizende Fernsicht, die noch gesteigert wird, wenn man die kühnen, von der Natur gebauten Felsenthore besteigt, die gleich Triumphbögen sich über dem Eingang wölben. — Auf dem Adlerstein bewundert der Wanderer das durchlöcherte Gestein des **Quacken-** oder **Wackenschlosses**. Die Felsenmassen enthalten viele versteinerte Conchylien und Korallen, die der Landmann Wacke nennt; so möchte sich der Name erklären.

Bei der Vereinigung der Pöttlach mit der Wiesent finden wir den berühmten Wallfahrtsort **Gösweinstein** mit einer herrlichen Kirche und dem Gnadenbilde zur hl. Dreifaltigkeit. Von dem Schlosse, das sich kühn auf einem überragenden Felsen erhebt, genießt man eine der schönsten Aussichten über den größten Theil des reizenden Gebirgsländchens. Das entzückte Auge schaut in drei sich vereinigende, liebliche Thäler. Aus dem Pöttlachgrunde, ebenfalls reich an Naturmerkwürdigkeiten, ragt der mächtige Thurm der Burg **Pottenstein** bei dem Städtchen desselben Namens empor.

Der Wiesent entlang kommt man zum Eingange in die hochberühmte Höhle von **Gailenreuth**. Sie hat sechs umfangreiche Abtheilungen, theilweise in mehreren Stockwerken über einander gewölbt, und dürfte die reichste an Gerippstücken thierischer Körper sein. Zähne, Köpfe, Klauen, Wirbelbeine u. dgl. von Bären, Hyänen, Tigern, Löwen, Wölfen, Hunden, Füchsen und andern Thieren findet man hier auf und durcheinander. Die schönsten Stücke wurden an die verschiedenen Naturaliensammlungen versendet; aber auch der Rest ist von großer Wichtigkeit. Moder- und Aasgeruch und feuchte Luft machen den Aufenthalt unangenehm.

Als wahrscheinlich wird angenommen, daß sich vor Jahrtausenden bei hereinbrechender Sündfluth diese Thiere heerdenweise in die Höhlen flüchteten und darin umkamen. Räthselhaft bleibt es aber, wie diese Geschöpfe, oft von ungeheurer Größe, durch so kleine Oeffnungen hineinkommen konnten.

Wir erreichen am rechten Ufer des Flüßchens den schöngebauten Markt **Muggendorf**. Die Umgebung dieses Ortes ist sowohl wegen des Reichthumes an Naturschönheiten, wie auch wegen der Merkwürdigkeiten aus einem dunklen, längst vergangenen Zeitalter weltberühmt. In 24 Höhlen sind Schätze von Versteinerungen, Muscheln und Schalenthieren und die überraschendsten Tropfsteingebilde zu finden. Die Rosenmüllershöhle behauptet von allen diesen unterirdischen Bergkammern den ersten Platz und ist mit geringer Mühe zu besteigen. Ueber 40 Fuß hoch erhebt sich das Gewölbe kühn empor, welches bei Beleuchtung einem Zauberpalaste gleicht. In Tausend gebrochenen Farben spiegelt sich das Licht an den nassen Wänden; die herrlichsten Tropfsteinsäulen, empor starrende und herabhängende Steingebilde in den mannigfaltigsten Gewinden, Schnörkeln und Wandverzierungen, die seltsamsten Formen von Fahnen, Altären, riesenhaften Ohren, — dieß Alles glänzend und funkelnd macht den wunderbarsten und entzückendsten Eindruck auf den fühlenden Menschen.

Der **Schönstein**, die **Oswalds-, Gaislach-, Wunder-** und **Wundershöhle** sind ebenfalls höchst sehenswerth; auch glaubte man in einigen dieser unterirdischen Räumen Spuren heidnischen Götzendienstes zu entdecken.

Westlich von Muggendorf thronen auf hohen Felsen zu beiden Seiten der Wiesent die Burgen **Streitberg** und **Neudeck**. Kühn und fest gebaut, waren sie einstens die gefürchteten Wächter des Thaleinganges. Jetzt liegt ihre Kraft in Trümmer als ein Bild der Vergänglichkeit und des Wechsels jeder Größe. Im Thalgrunde schaut recht freundlich aus einem Wäldchen von Obstbäumen das Dörfchen **Streitberg** mit einer besuchten Bade- und Molkenkur-Anstalt. Die steil aufsteigenden Felsenwände verlieren sich, das Thal wird freier und bei **Ebermannstadt** treten die Berge zurück. Ein breiter, fruchtbarer Grund öffnet sich, der immer mehr an Ausdehnung gewinnt, bis endlich die Wiesent südlich von Forchheim von der Regnitz verschlungen wird.

Der bedeutendste Nebenfluß am linken Ufer der Regnitz ist die **Aisch**. Sie bewässert, an **Neustadt** vorübereilend, ein üppiges Wiesenthal; auch mit Obst und Getreide und namentlich mit Hopfen ist die Gegend gesegnet. Von der Aisch, der Regnitz und durch eine große Biegung gegen Süden auch vom Maine begränzt, dehnt sich ein waldiges Hügelland aus, der **Steigerwald** genannt. Die Höhen sind nicht von Bedeutung und mehr mit Laub- als Nadelholz bedeckt.

Die muntern und gewerbsamen Bewohner beschäftigen sich mit Viehzucht, Holzfällen, Kohlenbrennen u. dgl. Pfähle für Weinberge, Schaufeln, Brechen und Mulden, hier verfertiget, werden bis in ferne Gegenden verkauft. Sehr viele Quellen bewässern den Wald und eilen, zu Bächen und Flüßchen erstarkt, theils der Regnitz, theils dem Maine zu.

Die Tauber kommt aus dem kleinen Taubersee auf der fränkischen Höhe an der westlichen Grenze des Königreiches. An ihr liegt **Rothenburg,** eine der ältesten Städte Frankens, namentlich der vielen Thürme wegen eine sehr schöne Ansicht gewährend. Die Stadt zählt 6000 Einwohner. Sehenswerth ist die gothische Hauptkirche mit herrlichen Gemälden von Albrecht Dürer.

Sehr nahe befindet sich in anmuthiger Lage das **Wildbad** durch die schönen Gebäude sowohl, wie auch durch die große Heilkraft ausgezeichnet. Nach kurzer Strecke verläßt der Fluß Bayern und mündet bei dem badischen Städtchen Wertheim in den Main.

Die Nebenflüsse des Maines rechts oder von Norden.

Die Rodach hat ihre Quelle im Frankenwalde, einem Hügellande von unbedeutender Höhe, welches das Fichtelgebirge mit dem nordwestlich gelegenen Thüringerwalde verbindet. Am Zusammenflusse der Cronach mit der Rodach liegt der Geburtsort des berühmten Malers Lukas Kranach die Stadt **Cronach.** Ganz nahe erhebt sich auf einem Berge die Festung **Rosenberg.**

Die **fränkische Saale** hat ihre Quellen an der nördlichen Abdachung der Haßberge, die sich zwischen dem Maine und der befestigten Stadt **Königshofen im Grabfelde** erheben. Westlich von hier liegt auf einer nicht unbedeutenden Höhe nahe bei **Neustadt an der Saale** das ehemalige kaiserliche Schloß **Salzburg**. Schon Karl der Große liebte diese Festung wegen ihrer herrlichen Lage und wählte sie öfters zum längeren Aufenthalte. Im Jahre 803 wurde auf dieser Burg der Friede mit den Sachsen geschlossen. Auch die Nachkommen Kaiser Karls bewohnten oft die großartigen Räume und hielten hier verschiedene Reichsversammlungen. Gegenwärtig bildet die Salzburg eine umfangreiche Ruine, von welcher nur ein kleiner Theil in bewohnbaren Stand gesetzt ist.

Weiterhin liegt an der Saale der bekannte Badeort **Bocklet** mit einer an Kohlensäure reichhaltigen Stahlquelle. Schöne Kurgebäude und freundliche Anlagen machen den Aufenthalt angenehm.

Wir gelangen nun in einen anmuthigen, fruchtbaren, von belaubten Bergen umgebenen Thalkessel zu dem durch seine Mineralquellen weltberühmten Städtchen **Kissingen**. Früher ein unbedeutender Ort, erhoben sich in neuerer Zeit ganze Straßen großartiger und schöner Gebäude, die den Anforderungen der Tausende von Kurgästen entsprechen, die aus allen Theilen der Welt hieher strömen, um Befreiung von ihren verschiedenen Leiden zu suchen. Es fließen hier drei Heilquellen, nämlich der Ragozi, von dem jährlich an 500,000 Krüge verschickt werden, der Pandur, ein starkes, salziges Stahlwasser und der

Marbrunnen. In der Nähe befinden sich die Gebäude der k. Saline.

Ausgedehnte Anlagen erhöhen die Schönheit der herrlichen Umgebung, wie überhaupt der Kurgast in Kissingen Alles findet, was er zu seiner Erholung und Zerstreuung bedarf.

Dem Laufe des Flusses folgend, erreicht man das alte Städtchen **Hammelburg**. Unfern erhebt sich Schloß **Saaleck** auf einem Berge, an dessen südlichem Abhange ein köstlicher Wein wächst. Durch den Einfluß der Schondra bei **Gräfendorf** wird die Saale schiffbar; aber schon nach drei Stunden vereiniget sich ihr Gewässer bei der Stadt Gemünden mit dem Maine.

Die fränkische Saale nimmt unweit ihrer Mündung die Sinn auf. Dieser Fluß hat seine Quelle am Kreuzberge im Rhöngebirge. Dieses wilde und düstere Hochland, welches den nördlichsten Theil unseres Vaterlandes ausmacht, besteht größtentheils aus kahlen Felsmassen und einer Menge ausgebrannter Vulkane. Auf den Höhen trifft man Moore und Sümpfe, während die Abhänge mit Laubwaldungen bedeckt sind. Die Luft ist rauh, der Boden wenig fruchtbar und die Armuth der muthvollen Bewohner, die sich mit Spinnen und Verfertigung von Holzarbeiten beschäftigen, sehr groß. Nach der großen Wasserkuppe ist der Kreuzberg mit 3155' die bedeutendste Höhe des Rhöngebirges. Von seinem Gipfel genießt man eine prachtvolle Fernsicht. Am westlichen Abhange stehet in einsamer Wildniß ein Franziskaner-Kloster mit einer berühmten Wallfahrt.

In einem anmuthigen, von bewaldeten Bergen umkränzten Wiesenthal liegt an der Sinn die kleine Stadt **Brückenau**. Nur eine halbe Stunde entfernt befindet sich das berühmte Gesundbad gleichen Namens, dessen Wasser zu den heilsamsten in Deutschland gehört. Unter den großartigen Gebäuden zeichnet sich namentlich der Kursaal durch außerordentlichen Glanz aus. Die ganze Umgebung des Bades, welches wie Kissingen Staatseigenthum ist, hat einen großen Reichthum der herrlichsten Spaziergänge.

Der nächste Nebenfluß des Maines, die kleine Kinzig, berührt nur die Grenze Bayerns. Sie nimmt den Bach Orb auf, an welchem in einem engen Thale die bedeutende, aber größtentheils arme Stadt **Orb** liegt. Wichtig ist die Saline, von welcher jährlich über 30,000 Ztr. Salz geliefert werden.

Das Flüßchen geht bei der kurhessischen Stadt Hanau in den Main. Hier nöthigte General Wrede den 30. und 31. Oktober 1813 durch die Tapferkeit seiner bayerischen Truppen die Franzosen zum Rückzuge. Napoleon, zwölf Tage vorher in der denkwürdigen Schlacht bei Leipzig nach dreitägigem Kampfe geschlagen, floh mit den Trümmern seiner Armee nach Frankreich, um nie mehr deutschen Boden zu betreten.

Die Nebenflüsse des Rheines aus Bayern
am linken Ufer oder vom Westen.

Der mächtige Rheinstrom nimmt sämmtliche Gewässer der von dem Stammlande Bayern getrennten Provinz Pfalz auf. Er bespült die östliche Grenze und scheidet so das Ländchen von dem Großherzogthume Baden. Gegen Süden hat die Pfalz Frankreich, im Westen und Norden die preußische Rheinprovinz, Hessen=Homburgisches Gebiet und das Großherzogthum Hessen zu Nachbarn.

Dieser Theil unseres Vaterlandes, wie er gegenwärtig besteht, ist aus vieler Herren Länder zusammengesetzt, die ehemals zu den Bisthümern Speier, Worms u. s. w. gehörten. Schon im Jahre 1225 fiel unter Ludwig dem Kelheimer die Pfalz durch Hetrath an Bayern und hatte von dieser Zeit an nur Herrscher aus dem Wittelsbachischen Hause. Die Pfalzgrafschaft bei Rhein enthielt damals 75 ☐ Meilen mit über 300,000 Einw. und lag auf beiden Seiten des Stromes. Durch den Vertrag zu Pavia 1329 wurde das Land von Bayern getrennt und den Nachkommen Rudolphs, Bruder Ludwig des Bayern, eigenthümlich überlassen. Im Jahre 1777 starb mit Maximilian Joseph dem Allgeliebten die im Hauptlande herrschende Regentenlinie aus und Bayern fiel als Erbe an Karl Theodor aus dem Hause Sulzbach, dem damaligen Herrn der rheinpfälzischen Länder. Auch Theodor starb 1799 ohne Nachkommen und die durch die Vereinigung zu einem ansehnlichen Staate herangewachsenen Besitzungen kamen an den vortrefflichen Fürsten Max Joseph, Herzog von Zweibrücken, nachmaligen König von Bayern. Unter den ungünstigsten Verhältnissen trat der gute Max die Regierung an. Die französische Revolution hatte 1789 begonnen und bereits ganz Europa erschüttert. Mit bewundernswerther Tapferkeit stürmten die Revolutionsheere über die deutsche Grenze. Wohl gelang es dem kühnen Erzherzog **Karl** von Oesterreich 1796 die Eindringlinge zurückzuwerfen; aber schon nach vier Jahren drang der französische General **Moreau** siegreich vom Rhein bis gegen Wien vor. Bayern verlor das ganze linke Rheinufer; die pfälzischen Länder wurden französische Provinzen und die Besitzungen am rechten Ufer des Stromes fielen mit den prächtigen Städten Heidelberg und Mannheim an Baden. Erst im J. 1816 kam Bayerns König wieder in den Besitz des verlornen Gebietes jenseits des Rheines und erhielt noch andere dort gelegene Ländereien dazu, die zusammen den gegenwärtigen Regierungsbezirk Pfalz ausmachen.

Alle Bäche und Flüsse, welche die Rheinpfalz bewässern, haben ihre Quellen im Hardtgebirge, einer Fortsetzung der aus Frankreich eintretenden Vogesen. Diese mäßigen Höhen ziehen sich mitten durch das Ländchen und endigen mit dem 2367' hohen Donnersberge. Von der Kuppe dieser kegelförmigen Höhe genießt man eine über alle Beschreibung genußreiche Aussicht über die schönsten und blühendsten Gauen Deutschlands.

Vom Spiegel des Rheines erhebt sich landeinwärts der Boden kaum merkbar; aber nur einige Stunden weiter steigt die Hardt schnell bis 2000 Fuß empor. Gegen Westen verlieren sich die Höhen erst in mehreren Abstufungen. Die Abhänge sind mit den herrlichsten Waldungen bewachsen; an der Ostseite reift die Kastanie und auf zahlreichen Weinbergen gedeiht die Rebe, deren Saft eine große Berühmtheit erlangte. Das Gebirge enthält sehr viel

Eisen, auch Quecksilber und namentlich eine Menge Steinkohlen und wird dadurch eine Hauptnahrungsquelle der Bewohner.

Der erste Nebenfluß, welcher im Süden der Provinz dem Rheine zueilt, ist die **Lauter** oder **Wieslauter**. Sie durchrauscht ein wildes, wenig fruchtbares Gebirgsthal mit höchst auffallend geformten, nach allen Richtungen gespaltenen und zerklüfteten Felsengruppen und bildet vor ihrer Mündung mehrere Stunden die Grenze gegen Frankreich.

Durch einen reizenden Grund, reich an Naturschönheiten und Ruinen zerstörter Burgen fließt die **Queich**. An ihr liegt die gewerbreiche Stadt **Anweiler** mit den nahen Trümmern der alten Reichsfeste **Trifels**. Hier saß **Richard Löwenherz**, König von England, gefangen. Er hatte bei einem Kreuzzuge während der Belagerung von Accon den Herzog Leopold von Oesterreich schwer beleidigt. Auf der Heimreise von dem stürmischen Meere an die italienische Küste verschlagen, wollte Richard verkleidet durch Oesterreich nach der Nordsee eilen. Er wurde aber verrathen, von dem rachedürstenden Leopold gefangen genommen und an den Kaiser Heinrich VI. ausgeliefert. Erst nach geraumer Zeit erhielt Englands König gegen 100,000 Mark Silber Lösegeld 1194 seine Freiheit wieder.

Der Fluß verläßt das Gebirge und erreicht in einer angenehmen und fruchtbaren Ebene die wohlgebaute Stadt und deutsche Bundesfestung **Landau**. Südwestlich von hier liegen auf einer Anhöhe die schönen Ruinen der alten **Madenburg**. Die Rundsicht, welche man hier genießt, ist wohl die reizendste in der ganzen Pfalz und übertrifft alle Erwartung.

Am Einflusse der Queich in den Rhein liegt in einer durch die vielen Altwasser und Moräste wenig gesunden Gegend die Festung **Germersheim**. Hier starb 1291 Rudolph von Habsburg, der Stammvater des österreichischen Herrscherhauses.

Durch ein enges, waldbewachsenes, malerisches Thal kommt der Speierbach nach **Neustadt** in äußerst reizender Gegend am Fuße des Gebirges. Der Ort ist alt und unregelmäßig gebaut, zählt über 6000 Einw. und hat lebhaften Verkehr. Die Stiftskirche ist sehenswerth. Von hier aus liegen an den östlichen Abhängen der Hardt in fast gleicher Linie gegen Norden die durch ihren ausgezeichneten Wein berühmten Orte **Ruppersberg**, **Deidesheim**, **Forst**, **Wachenheim** und **Ungstein**.

Unterhalb Neustadt theilt sich die Speier in zwei Arme, wovon der südliche denselben Namen beibehält und bei der Kreishauptstadt Speier in den Rhein mündet.

Speier
in einer weit ausgebreiteten Ebene zählt 10,000 Einwohner, ist der Sitz der Kreisregierung, eines katholischen Bischofes und eines protestantischen Consistoriums. Unter den Gebäuden der Stadt nimmt der Dom, ein ehrwürdiges Denkmal deutscher Baukunst, die erste Stelle ein. Von höchster Vollendung sind die Wandgemälde, welche König Ludwig durch Professor Schraudolph in neuerer Zeit hier aufführen ließ. Die großartigen Hallen des Tempels enthalten

die Asche von acht deutschen Kaisern und drei Kaiserinnen.

Speier ist eine uralte Stadt und verdankt den Römern ihre Entstehung. Nur ein einziges Monument, die Alta Porta, jetzt als Gefängniß dienend, erinnert an die tausendjährige Vergangenheit.

Schon sehr frühe drang das göttliche Licht des Christenthumes durch bereits bekehrte Soldaten der römischen Legionen hieher. Die meisten Verdienste erwarb sich der rastlos thätige Glaubensbote Pirminius, Gründer der Stadt Pirmasens. Wegen der vielen Segnungen, welche dieser Mann den pfälzischen Ländern brachte, wird er auch der Apostel der Pfälzer genannt. Die verschiedenen neuen Glaubenslehren, welche im Laufe der Jahrhunderte auftauchten, fanden in den Rheinländern leichten Eingang und die Zahl der Katholiken sank bedeutend herab.

Speier war früher eine freie Reichsstadt und viele Reichstage wurden in ihren Mauern gehalten. Im Jahre 1529 protestirten die Anhänger der Lehre Luthers gegen den Beschluß des Reichstages, woher sich der Name Protestanten leitet.

Das Jahr 1689 brachte der altehrwürdigen Stadt unter allen Gräueln und Schrecknissen den Untergang. Wegen nicht befriedigter Erbschaftsansprüche sandte König Ludwig XIV. von Frankreich unter den grausamen Generälen Melak und Monclar ein Kriegsheer in die Pfalz, das sengend, raubend und mordend die blühenden Ländereien verheerte. Namentlich war Speier dem Untergange geweiht. General Monclar ließ durch 24 Mann Mordbrenner die Stadt, deren Bewohner größtentheils geflohen waren, in Flammen setzen und die Gebäude von 47 Straßen sanken in einem entsetzlichen Feuermeere zusammen. Das entfesselte Element schonte auch den ehrwürdigen Dom nicht. Die Kuppeln und Dächer brachen zusammen und die schwarz gebrannten Mauern schauten als riesige Ruinen auf die grauenvolle Umgebung. Kaum hatte das Erlöschen des Feuers den Zugang möglich gemacht, so brangen die entmenschten Franzosen in die ausgebrannten Hallen des Domes und rissen, dürstend nach Gold, die Kaisergräber auf. Die noch unverwesten Leichname wurden ihres Schmuckes beraubt und in die noch rauchende Schuttmasse geworfen. Mehrere Jahre lag Speier still und grauenvoll darnieder; endlich erhob sich die unglückliche Stadt langsam wieder, ist aber bis auf unsere Zeit kaum der Schatten von dem, was sie ehemals war.

Der nächste Nebenfluß, die **Isenach**, durcheilt die am Abhange des Hardtgebirges in einer herrlichen Gegend gelegene Stadt **Dürkheim**. In der Nähe befindet sich die kgl. Saline **Philippsthal** mit drei Salzquellen.

Die Nahe ist nur im höchsten Norden Gränzfluß gegen Preußen; sie nimmt aber aus der Rheinpfalz die **Alsenz** auf. An den Ufern dieses Flüßchens wechseln bewaldete Gebirge mit fruchtbaren Hügeln und Flächen. In reizender Gegend liegt das alte Städtchen **Winnweiler**. Nördlich von hier gelangt man durch ein schauerlich schönes, waldiges Felsenthal zu den Resten der Burg **Falkenstein**.

Das Thal der Alsenz mit den daran gränzenden

Bergen ist reich an mineralischen Schätzen. Quecksilber, Steinkohlen, Marmor, Mühlsteine u. dgl werden zu Tage gefördert.

Ein weiterer Nebenfluß der Nahe ist die Glan. Sie entspringt an der preußischen Grenze und durchrauscht mit vielen Krümmungen ein hügeliges Land. Zwischen den Höhen breiten sich nicht selten schöne Flächen mit Kornfeldern und Wiesen aus.

Bei dem angenehmen Städtchen **Lauterecken** nimmt die Glan die Waldlauter auf, an welcher **Kaiserslautern**, eine der ansehnlichsten Städte der Pfalz liegt. Kaiser Friedrich I. erbaute hier einen prachtvollen Palast. Im spanischen Erbfolgekriege verbrannt und zerstört, ist er seitdem fast spurlos verfallen. An der Stelle erhebt sich jetzt das ungeheure Landeszuchthaus. In dem nahen, nun trocken gelegten Teiche Kaiserswog wurde im Jahre 1497 von dem Kurfürsten Philipp von der Pfalz ein 19 Fuß langer und 350 Pfund schwerer Hecht gefangen, der einen goldenen Ring angelegt hatte mit der Inschrift: „Ich bin der erste von den Fischen, welche den 5. Oktbr. 1230 durch Kaiser Friedrichs II. Hand in diesen Wog gesetzt worden sind." — Die gewerbthätige Stadt mit ihren 7500 Einw. besitzt eine große, stattliche Fruchthalle. In der Nähe sind ergiebige Eisengruben.

Im Südwesten der Pfalz finden wir die Blies, welche auf preußischem Boden entspringt und im französischen Gebiete in die Saar mündet. Letztere fließt in die Mosel und diese in den Rhein. Von Westen her vereiniget sich mit der Blies der Erbach.

Zu beiden Seiten dieses Flüßchens liegt die regelmäßig gebaute Stadt **Zweibrücken** mit mehr als 7000 Einw. und dem Sitze des Appellationsgerichtes. Die Stadt war ehemals die Residenz der Herzoge von Zweibrücken, von welchen unsere erhabene Königsfamilie abstammt.

So haben wir benn die schönen Gefilde der Pfalz durchwandert und kehren wieder zum Hauptlande zurück, um noch einige auf bayerischem Boden zu unbedeutender Größe angewachsene Flüsse kennen zu lernen, die erst in benachbarten Ländern sich mit ihrem Strome vereinigen.

C. Das Stromgebiet der Weser.

Im höchsten Norden unseres Vaterlandes entspringt in einer rauhen, wenig fruchtbaren Gegend des Rhöngebirges am Fuße der 3230' Fuß hohen **Wasserkuppe** eine der Hauptquellen der Weser, nämlich die **Fulda**. Sie verläßt sehr bald Bayern und bildet durch die Vereinigung mit der Werra den Strom selbst, der in die Nordsee mündet.

Die **Ulster** hat ihren Ursprung ebenfalls in der Rhön und tritt unweit des nördlichst gelegenen Städtchens **Tann** in fremdes Gebiet, um sich mit der Werra zu vereinigen.

D. Das Stromgebiet der Elbe.

Die Elbe, welche wie die Weser Bayern nicht berührt und ebenfalls in die Nordsee mündet, nimmt aus unserm Vaterlande zwei Nebenflüsse auf, die aus

den waldigen Schluchten des Fichtelgebirges hervor=
kommen. Die thüringische oder voigtländische
Saale windet sich durch ein rauhes, waldiges und
wenig fruchtbares Thal nach Norden, nimmt die per=
lenreiche Schwesnitz auf und erreicht die schön
gebaute und gewerbreiche Stadt **Hof** mit über 8000
Einwohnern. Nördlich von Hof wird die Saale eine
kurze Strecke Grenzfluß und verschlingt die kleine
Selbitz. An ihr findet sich bei dem Grenzstädtchen
Lichtenberg der Badeort **Steben** mit einer sehr heil=
kräftigen und darum auch berühmten stahlhaltigen
Mineralquelle.

Die Eger, welche vortreffliche Forellen nährt,
entspringt am nördlichen Fuße des Schneeberges
im Fichtelgebirge und richtet ihren Lauf gegen Osten.
An der Grenze nimmt der Fluß die Röslau auf,
an welcher die gewerbsame Stadt **Wunsiedel** liegt.
Nur eine halbe Stunde entfernt findet sich der Sauer=
brunnen **Alexandersbad**. Durch die Kraft des Was=
sers und die Schönheit der Gegend veranlaßt, wirkte
der letzte Markgraf von Bayreuth=Ansbach, Alexan=
der, zur Hebung der Badeanstalt sehr viel, daher der
Name. Der Freund der großartigen Natur findet
auf der nahen **Luisenburg** vollkommene Befriedigung.
Wild durcheinander liegende ungeheure Granitfelsen,
durch Brücken, Leitern und eingehauene Stufen zu=
gänglich gemacht, bilden ein wahres Labyrinth. Vor
Jahrhunderten stand auf einer der höchsten, fast un=
zugänglichen Spitzen das Raubschloß **Luchsburg**.

Wir haben nun auch den Norden unseres Vaterlandes mit der getrennten Pfalz kennen gelernt und gesehen, daß des Schöpfers gütige Hand diesen Theil nicht minder mit seinem Segen bedachte. Bäche und Flüsse winden sich durch reizende Thäler, an deren Gehängen köstlicher Wein gedeiht, während die Flächen fette Wiesen und reiche Saatfelder decken. Gar viele ausgedehnte Bezirke gleichen wahren Gärten; prächtiges Obst und feines Gemüse spendet die freigebige Natur hier im Ueberflusse. Stämmige Waldungen decken Berge, welche reiche und mannigfaltige Schätze an Mineralien enthalten. Wohl bieten die rauhe Rhön und der kärgliche Boden des Frankenwaldes den armen Bewohnern in manchen ungünstigen Jahren nicht den nothwendigen Unterhalt; da ist es aber der biedere Bayer in einem glücklicheren Landestheile, der seines darbenden Mitbruders nicht vergißt. So kann auch der Bearbeiter jener wenig dankbaren Erdscholle mit Muth in die Zukunft blicken. Zudem ist ein edler Monarch stets für das Wohl aller seiner Landeskinder bedacht und zur Zeit des Unglückes fehlt nirgend seine väterliche Hilfe. Darum steigt auch von den Alpen bis zur Rhön und von den Kuppen des Böhmerwaldes bis jenseits des Harbtgebirges aus frohen, dankbaren Herzen die Bitte zum Himmel:

„Gott erhalte den König, sein Volk und sein schönes, glückliches Land!"

Das Eisenbahnnetz in Bayern.

Noch vor einem Vierteljahrhundert kannte man keine andere Verbindung der bedeutenderen Orte, als schöne, mit Alleen bepflanzte Straßen. Wohl benützte man auch da, wo die Natur es ermöglichte, den Weg zu Wasser; er war aber meist gefährlich und unbequem. Im Jahre 1835 wurde die erste Eisenbahn unseres Vaterlandes und zwar von Nürnberg nach Fürth eröffnet. Seit dieser Zeit verbreiten sich die Schienenwege immer mehr und das schnelle Dampfroß, die Lokomotive, durchbraust Bayern von einer Grenze zur andern. Freilich wurden dadurch viele, früher belebte Wege einsam und manch sonst vielbesuchter Ort liegt vergessen entfernt von den neuen Verkehrslinien. Alle größeren Städte des Königreiches sind bereits durch Eisenbahnen verbunden und nachdem sich der Zug der Reisenden, wie auch die Richtung des Handels nach dem Laufe des Schienenweges richtet, so ist es von Wichtigkeit, diese großartigen Verkehrswege mit ihren Verzweigungen kennen zu lernen.

Von Bayerns Hauptstadt laufen vier Bahnen nach verschiedenen Richtungen aus. Der prachtvolle Bahnhof hiezu befindet sich in dem Westtheile der Stadt vor dem Karlsthore.

I. Die Münchener-Salzburger-Bahn.

Dieser Verkehrsweg berührt in südlicher Richtung die Stationen **Mittersendling** und **Hesselohe**; beide

Orte werden von den Bewohnern der Residenz gerne besucht. Die Bahn überschreitet nun auf einer großartigen Brücke von ungeheurer Höhe die Isar. Tief unten im engen Thale rauscht der Fluß, nördlich liegt die Stadt München mit ihren Thürmen und Palästen ausgebreitet. Durch eine waldige, wenig anziehende Gegend erreicht man **Sauerlach** und **Holzkirchen**. Das Gebirge ist näher gerückt und überraschend ist der Blick auf die herrliche Alpenkette.

Von H o l z k i r c h e n führt eine kurze Zweigbahn nach **Miesbach**. Ueber das Dörfchen Darching erreicht sie den Rand des Mangfallthales und senkt sich an den steil abfallenden Wänden des Taubenberges allmählig hinab in die Tiefe. Von der jenseitigen Thalhöhe schauen ernst die Ueberbleibsel des uralten Klosters Weyarn. Den Fluß überschritten, zieht sich die Bahnlinie zwischen buschigen und waldigen Höhen in einem fruchtbaren Grunde am rechten Schlierachufer hinan. Links blickt durch die Lücken eines Tannengehölzes das alte Schloß Wallenburg. Das Thal verengt sich, aber nur kurze Zeit und in lachender Gegend liegt der freundliche Markt **Miesbach** auf anmuthigen Hügeln ausgebreitet. Den Hintergrund umschließen Berge in den schönsten Formen. Fette Rasenplätze von üppigem Gebüsche umsäumt, stämmige Waldungen und starre Felsengebilde liegen im bunten Gemische durcheinander und gewähren ein zauberisches Bild.

Die Richtung der Salzburger Bahn wird östlich und unter vielen und scharfen Krümmungen senkt sie sich durch das schöne, tiefe Thal der Mangfall hinab zu den Märkten **Aibling** und **Rosenheim**. Die

Ansicht der Berge, die in den verschiedenartigsten Formen zur beträchtlichen Höhe aufsteigen, ist entzückend.

Von Rosenheim zweigt sich nach Süden ein Schienenweg über Kufstein nach Innsbruck ab. Eine gewaltige Brücke führt über die Mangfall und die Bahn läuft am linken Innufer nach **Brannenburg, Oberaudorf** und **Kiefersfelden.** Der Raum zwischen Fluß und Gebirge verengt sich, und ungeheure Felsenmassen treten so weit vor, daß erst durch Sprengung des Gesteins Platz für Straße und Bahnkörper gewonnen werden mußte. Bei dem österreichischen Städtchen **Kufstein** mit einer Bergfestung verläßt diese Verkehrslinie Bayern und tritt ins Tyrol.

Die Salzburger-Bahn überschreitet bei Rosenheim auf einer mächtigen Brücke, welche den oft mit furchtbarer Gewalt aus dem Gebirge schäumenden Wogen zu trotzen hat, den Inn, läuft hart am nördlichen Rande des Simsees und kommt über **Endorf** zu dem freundlichen Markte **Prien.** Aus der Tiefe schaut hie und da ein Theil des prächtig gelegenen Chiemsees herauf, dessen ungeheure Wasserfläche mit ihren drei Inseln sich während der Fahrt nach den Stationen **Bernau** und **Uebersee** offen ausbreitet. Gegen Süden die einladenden Berge, im Norden den freundlichen See — hier wird es dem Auge schwer auf beiden Seiten nichts von den reizenden Bildern zu verlieren.

In der Nähe der Station **Bergen** befinden sich das wohleingerichtete Bad **Adelholzen** und die kgl. Eisenwerke **Maximilianshütte.** Südlich schaut von

nicht unbedeutender Höhe das freundliche Wallfahrts=
kirchlein **Maria Erk**. Die Besteigung des Berges
wird mit einer herrlichen Rundschau belohnt.

Durch eine prachtvolle Gegend erreicht die Bahn
die Stadt **Traunstein** und kommt, den hübschen
Markt **Teisendorf** berührend, an das Ufer der Sal=
zach. Hier verläßt sie das bayerische Gebiet und geht
nach Salzburg, von welcher Stadt die Festungsthürme
schon in weiter Ferne sichtbar sind.

II. Die Münchner=Augsburger Bahn.

Dieser Schienenweg führt über eine wenig frucht=
bare Hochebene und ist arm an Naturschönheiten. An
den großartigen Parkanlagen des königl. Lustschlosses
Nymphenburg vorbei kommt man bei **Pasing** über
die Würm, bei **Olching** über die Amper, ferner zu
den Stationen **Maisach**, **Nanhofen** und **Haspel=
moor**. Ein reiches Torflager breitet sich hier aus
und gibt Hunderten von Menschen Beschäftigung und
Unterhalt. Die Bahn überschreitet bei **Mehring** die
Paar. Nördlich zeigt sich das Städtchen **Friedberg**
mit hohem Thurme. Durch eine wenig fruchtbare
Thalebene, einem Theil des Lechfeldes, eilt der Zug
über den Lech zur Stadt **Augsburg**.

III. Die Münchner=Starnberger=Bahn.

Diese kurze Strecke zweigt sich bei Pasing von
der Münchner=Augsburgerbahn ab und erreicht auf
der linken Thalhöhe der Würm die Stationen **Pla=
negg**, **Gauting** und **Mühlthal**. Die beiden steil
aufsteigenden Ufer des Flüßchens zieren die herrlichsten

Laubwaldungen. Die Bahn tritt nun hinaus in eine freie Gegend und die prachtvolle Wasserfläche des **Starnbergersees** mit seinen reizenden Ufern liegt ausgebreitet vor den Augen des überraschten Reisenden. Im Süden erhebt sich Bayerns höchster Gebirgstheil, aus welchem namentlich die im Westen steil abfallende Zugspitze hervorragt. Unmittelbar am See bei dem Dorfe **Starnberg** endet der Schienenweg.

IV. Die Bayerischen Ostbahnen.

Diese Verkehrslinien wurden erst in neuester Zeit vollendet und eröffnet und verbinden die Gegenden im Osten des Königreiches miteinander.

Die **Münchner-Regensburger-Bahn** nimmt von der Hauptstadt ihre Richtung nördlich zum kgl. Lustschlosse **Schleisheim**. Die großartigen Gebäude wurden von Max Emanuel im italienischen Style aufgeführt. Prachtvoll ist das Stiegenhaus. In 47 Sälen war früher ein unvergleichlicher Gemäldeschatz aufgestellt, der aber größtentheils in die Räume der alten und neuen Pinakothek Münchens wanderte. Der verbliebene Rest ist immerhin noch sehenswerth. Höchst einförmig und wenig fruchtbar ist die ebene Umgebung bis **Freising**. Die Hügel des linken Isarufers treten nun näher und die Landschaft wird freundlicher. An dem Städtchen **Moosburg** vorüber überschreitet die Bahn bei **Isareck** die Amper und erreicht durch das angenehme Isarthal die Stadt **Landshut**. Der Schienenweg kommt in nördlicher Richtung nach **Ergoldsbach**, tritt bei **Neufahrn** in das Thal der kleinen Laber und erreicht **Niederlindhard** und **Laber-**

weinting. Von der Höhe schauen die herrlichen Gebäude und die sehenswerthe Kirche des ehemaligen Benediktinerstiftes Mallersdorf in das grüne, fruchtbare Thal. In einer getreidereichen Gegend liegt der Markt **Geiselhöring.**

Die Aussicht in das weite Donauthal ist geöffnet und die Höhenzüge am linken Stromufer, die Vorberge des bayerischen Waldes, blicken freundlich herauf.

Von hier zweigt sich die Passauer-Bahn über **Pilling** nach **Straubing** ab. Sie bleibt fortwährend in südöstlicher Richtung am rechten Donauufer und kommt über **Irlbach** nach **Plattling**. Nördlich von diesem Markte erhebt sich in einer ungeheuren Ebene der einzeln stehende Natternberg zur bedeutenden Höhe. Dessen Kuppe krönt ein alterthümliches Schloß, von welchem man eine entzückende Fernsicht genießt. Der Schienenweg geht bei Plattling über die Isar und erreicht, in einer überaus fruchtbaren Gegend **Osterhofen** und **Vilshofen** berührend, die Stadt **Passau**, überschreitet den Inn und schließt sich den österreichischen Bahnen an.

Von dem Markte Geiselhöring wendet sich die Regensburger Bahnlinie nordwestlich nach **Sünching** an der großen Laber, **Taimering, Mangolding** und **Obertraubling** nach **Regensburg**.

Die Regensburger-Nürnberger Bahnlinie überschreitet auf einer eben so kunstvoll, als zierlich und doch fest gebauten Brücke an der Ostseite der Stadt den Donaustrom und erreicht über **Wutzelhofen** in einer bergigen Gegend **Regenstauf**, einen Marktflecken am Regen. Sogleich verläßt sie aber das hübsche Thal dieses Flusses wieder und nähert sich bei der schön gelegenen Stadt **Schwandorf** dem Ufer der Naab.

Von Schwandorf zweigt sich eine Bahnlinie ab und führt gegen Osten an die böhmische Grenze. Sie nimmt ihren Weg durch eine waldige Gegend, in der eine Menge Weiher als lichte Stellen erscheinen, nach **Bodenwöhr**, einem berühmten königl. Eisen=Hütten= Werk, das vortreffliche Gußwaaren liefert. Die Bahn tritt unweit des großen Schlosses **Strahlfeld** in das Thal des Regen, verfolgt das rechte Ufer dieses Flusses bis zum freundlich gelegenen **Cham** und windet sich nun an der Chaub durch eine waldige Gegend zum Grenzstädtchen **Furth,** um sich den österreichischen Bahnen anzuschließen.

Die Regensburger=Nürnberger=Bahn über= schreitet bei Schwandorf die Naab und erreicht die Stadt **Amberg.** Sie führt über die Vils nach **Sulz= bach, Neukirchen, Etzelwang** und **Happurg** in das Thal der Pegnitz nach **Hersbruck**, und am linken Ufer dieses Flusses die Stadt **Lauf** berührend nach **Nürnberg.**

Wie von Bayerns Hauptstadt, so laufen auch von Augsburg vier Bahnlinien nach den vier Himmels= gegenden aus. Die Bahnhalle für sämmtliche Ver= kehrswege befindet sich außerhalb der Stadt an der Westseite und ist durch das Gögginger= oder durch das Klinkerthor bald zu erreichen.

Die Bahnstrecke Augsburg=München wurde bereits in entgegengesetzter Richtung beschrieben.

V. Die Augsburger-Lindauer-Bahn.

Dieser Schienenweg durchschneidet die einförmige Ebene zwischen dem Leche und der Wertach, berührt die Stationen **Inningen, Bobingen, Großaitingen,** den großen Marktflecken **Schwabmünchen,** dann **Westereringen, Buchloe, Pforzheim,** tritt nun in das Thal der Wertach und erreicht die alte Stadt **Kaufbeuren.** Im Süden bilden die Alpen einen großartigen Hintergrund. Die Zugspitze, die Hochplatte und der Säuling treten besonders hervor. Die Bahn überschreitet den Fluß und windet sich über **Bießenhofen** und **Aitrang** nach **Günzach,** an der Quelle der Günz. Aus dem tiefen, freundlichen Thale schaut der uralte Markt Obergünzburg. Weiterhin gelangt man nach **Wilpoldsried, Betzigau** und über die großartige Illerbrücke nach **Kempten.** Von hier an zeichnet sich die Bahn durch ihren kühnen und mächtigen Bau aus und schlängelt sich oft auf hohen Dämmen und in zahlreichen Krümmungen in das grüne Thal des überaus schön gelegenen Gebirgsstädtchens **Immenstadt.** Der Grünten, südlich im Hintergrunde die Zacken der höchsten Berge des Allgäu's, das Hörnle, der Steinberg und der Stuiben bilden einen herrlichen Halbkreis um den Ort.

Der Schienenweg nimmt nun eine scharfe Wendung nach Westen, läuft an dem nördlichen Ufer des 1 Stunde langen überaus lieblichen Alpsees hin durch das Thal der Achen nach **Oberstaufen.** Nun senkt sich die Bahn über einen wahren Riesendamm, den Viadukt von Rentershofen, nach **Hergatz, Stocken-**

weiler, **Schlachters** und **Oberreitnau**. Die Gegend öffnet sich, und die unübersehbare Wasserfläche des Bodensees mit seiner reizenden Umgebung liegt ausgebreitet vor den Augen des überraschten Reisenden. Ein langer Damm führt über einen Theil des Sees in den Bahnhof von **Lindau**.

VI. Die Augsburger-Ulmer-Bahn.

Sie überschreitet die Wertach und lenkt im großen Bogen in das liebliche Wiesenthal der Schmutter nach **Westheim, Diedorf, Gessertshausen**, geht über das ruhige Flüßchen in den grünen Grund der Zusam, überschreitet auch diese, und gelangt nach **Jettingen** und **Burgau**. Ueber die Mindel gekommen tritt die Bahn in das Donauthal, erreicht das malerisch auf einem Hügel gelegene vielthürmige Städtchen **Unter-Günzburg**, ferner über die Günz **Leipheim** und endlich **Neu-Ulm**. Von hier tritt die Bahn über die Donau in württembergisches Gebiet.

VII. Die Ludwigs-Süd-Nordbahn
von Augsburg über Nürnberg nach Hof.

Die Bahnlinie überschreitet in nördlicher Richtung die Wertach und kommt in den Niederungen des Lech-Thales nach **Gersthofen** und **Meitingen**. Links schaut von der Höhe das Schloß **Mark**, einst römisches Castell, und bei **Nordendorf** erblickt man die schönen Gebäude des aufgehobenen Klosters **Holzen**. Jenseits des Leches ragt die ehemalige Benediktiner-Abtei Thierhaupten empor, welche schon unter der

Herrschaft der Agilolfinger gegründet wurde. Die Bahn geht über die Schmutter und dann über die Donau nach **Donauwörth**. Durch einen kleinen Tunnel gelangt man in dem fruchtbaren Thale der Wörnitz nach **Harburg** und durch das anmuthige Rieß, von der Eger bewässert, nach **Nördlingen**. Nun werden die Städtchen **Oettingen**, **Wassertrüdingen** am Fuße des Hesselberges und **Gunzenhausen** an der Altmühl erreicht.

Von hier aus führt die **Ansbacher-Gunzenhausener Zweigbahn**, in nördlicher Richtung das Städtchen **Merkendorf** berührend, zur Hauptstadt Mittelfrankens.

Die Haupt-Bahnlinie kommt über **Pleinfeld** bei **Georgsgemünd** in das Thal der Rednitz, ferner über **Roth** nach **Schwabach**, überschreitet bei **Reichelsdorf** den Fluß und unmittelbar vor **Nürnberg** den Ludwigskanal. Die großartigen Gebäude des neuen kgl. Bahnhofes liegen vor dem Frauenthore im Süden der Stadt.

Die Bahn zwischen **Nürnberg und Fürth** wird theils mit Pferde-, theils mit Dampfkraft befahren. Sie ist der älteste Schienenweg Deutschlands und bisher auch der einträglichste.

Zwischen beiden Städten durchkreuzt die Hauptbahn den Fürther Schienenweg und kommt am rechten Ufer der Regnitz und des Ludwigskanales über **Poppenreuth** und **Ellersdorf** nach **Erlangen**. Durch einen über 1000′ langen Tunnel wird **Baiersdorf**, dann **Forchheim** und **Bamberg** erreicht. Die Regnitz, der Ludwigskanal, die Landstraße und die Eisenbahn laufen von Nürnberg bis hieher fast ununterbrochen neben einander. Nördlich von Bamberg tritt die Bahn an das linke Mainufer und gelangt über **Zapfendorf** und **Staffelstein** zum Städtchen **Lichtenfels**.

Von hier geht eine Zweigbahn nördlich zur nahen Residenzstadt Koburg. Sie überschreitet den Main und verläßt nach kurzer Strecke unser Vaterland.

Die Süd=Nordbahn setzt vom linken, auf das rechte Ufer des Maines nach **Burgkundstadt**, und erreicht durch eine paradiesische Gegend über **Culmbach** die Station **Neuenmarkt**.

Von hier zweigt sich die **Neuenmarkt=Bayrenther= Bahn** südlich ab und gelangt durch ein hügeliges Land sehr bald zur Hauptstadt Oberfrankens.

Der Schienenweg nach Norden führt durch dunkle Tannengründe zum Städtchen **Münchberg**, tritt dann in das Thal der thüringschen Saale und erreicht über **Schwarzenbach** durch eine bergige Gegend die ansehnliche Stadt **Hof**. Noch eine kurze Strecke und die Bahn kommt in sächsisches Gebiet.

VIII. Die Nord=Westbahn von Bamberg über Würzburg und Aschaffenburg bis an die Grenze.

Diese Linie überschreitet nördlich von **Bamberg** den Main und kommt an dessen rechtem Ufer nach **Staffelbach**, **Ebelsbach**, **Zeil** und **Haßfurt** nach **Schweinfurt**. Durch einen 300' langen Tunnel gelangt, werden die Stationen **Oberndorf** und **Berg-Rheinfeld** erreicht, bei welchen sich schöne Aussichten über den Maingrund eröffnen. Die Bahn verläßt nun das Thal und lenkt nach **Würzburg**. Der Schienenweg tritt nun wieder an das rechte Ufer des vorigen Flusses und nimmt seine Richtung über **Karlsstadt** und **Gemünden** nach **Lohr**. Hier steigt er westlich über **Partenstein** in die Hochthäler des waldigen Spessartgebirges, durchbringt in einem fast 1 Stunde langen Tunnel den Berg Schwarzkopf und senkt sich über **Laufach** nach **Aschaffenburg**. Nördlich von **Dettingen** verläßt die Bahn Bayern.

IX. Die Königl. Pfälzischen Eisenbahnen.

Am linken Rheinufer, nördlich von Speier und Mannheim gegenüber liegt die in neuester Zeit erstandene Stadt **Ludwigshafen**. Der großartige Handel, der lebhafte Hafen und die Ausmündung von zwei Eisenbahnen gaben dem Orte das Dasein. Die Ludwigsbahn wendet sich von der jungen Stadt nördlich über **Oggersheim** nach **Frankenthal** in einer gartenähnlichen Ebene. Diese schöne, lebhafte und gewerbreiche Stadt mit 5000 Einw. ist durch einen 1¼ Stunde langen schiffbaren Kanal mit dem Rheine verbunden. Frankenthal theilte im Jahre 1689 mit so vielen Orten in der Pfalz das schreckliche Loos, von den Franzosen verbrannt zu werden. Die Stadt erhob sich aber wieder und verdankt ihr schnelles Emporblühen der besondern Begünstigung des Kurfürsten

Karl Theodor, welcher auch die Wasserstraße zum Rheine vollenden ließ.

Nördlich von hier geht die Bahnlinie über die Grenze nach Worms, im Großherzogthume Hessen.

Die **Ludwigshafen-Bexbacher-Bahnlinie** wendet sich durch eine weite Ebene über **Mutterstadt** nach **Schifferstadt**.

Hier zweigt ein Schienenweg nach Speier ab, das nur eine unbedeutende Strecke entfernt liegt.

Die Hauptbahn nimmt eine westliche Richtung, nähert sich dem Haardtgebirge und erreicht an herrlichen Rebenpflanzungen vorüber in reizender Gegend **Neustadt**. Die Bahnlinie tritt nun in die Berge, windet sich durch das enge, waldige Thal des Speierbaches und kommt durch elf Tunnel endlich nach **Kaiserslautern**. Durch ein hügeliges Land erreicht man **Landstuhl**, einst Residenz der Grafen von Sickingen, ferner **Hauptstuhl** und **Homburg**.

Von hier aus verbindet eine kurze Zweigbahn die südlich gelegene Stadt Zweibrücken mit der Hauptlinie.

Der Schienenweg erreicht nun **Bexbach**, dessen Umgebung reiche Steinkohlenlager enthält, und verläßt dann die Pfalz.

Die Maximilians-Bahn

nimmt ihre Richtung von **Neustadt** a. d. Hardt gegen Süden zur schönen Stadt **Edenkoben**. In der Nähe befindet sich in prachtvoller Lage das Schloß **Ludwigshöhe**, Lieblingsaufenthalt Sr. Maj. d. Königs Ludwig.

Ueber **Edesheim** wird die Festung **Landau** erreicht. Die Bahn geht nach **Weiden,** von da an das linke Ufer der Wieslauter, überschreitet diesen Grenzfluß und tritt in französisches Gebiet.

Ein schönes, großartiges Bild hat sich vor unsern Augen entrollt. Von Fluß zu Fluß, von Thal zu Thal, von einer Grenze zur andern haben wir unsere Heimat durchwandert und auf gesegneten Fluren zufriedene und glückliche Bewohner gefunden. Ein gütiger König beherrscht das Land voll Weisheit und Milde und unter seiner einsichtsvollen Regierung findet jeder Unterthan, der Hohe wie der Niedere, gleiches Recht und gleichen Schutz. In allen Theilen unsers Vaterlandes erzählen uns Schlachtfelder, Denkmäler und andere Erinnerungszeichen von der Liebe unserer Ahnen zu ihrer Heimat, von der unerschütterlichen Treue zu ihrem Herrscherhause und von ihrem Heldenmuthe, Fürst und Vaterland zu schützen und zu wahren. Ein unschätzbares Erbe haben uns die Voreltern mit dem schönen Bayern hinterlassen und unsere heilige Pflicht ist es, die theure Heimat gegen jeden Feind zu vertheidigen. Sollte des Aufruhrs blutige Macht es wagen, in unsern Gauen frevelnd sein Haupt zu erheben; sollte die beutelustige Faust eines Eroberers von Außen unser Vaterland bedrohen: — dann scharen wir uns wie Ein Mann um den geliebten Landesvater, den König, und würdig unserer erhabenen Ahnen sei in heitern wie in trüben Tagen unser Losungswort:

„Mit Gott für König und Vaterland!"

Reihenfolge der Regenten Bayerns.

I. Die Agilolfinger von 554 — 788.

Garibald I., † 595.
Tassilo I., † 609.
Garibald II., † 640.
Theodo I., † 680.
Theodo II., 717.

Theodo II. theilte das Land unter seine 3 Söhne:
{ Theodobert residirte in Passau † 724.
{ Grimoald residirte in Freising † 725.
{ Theodobald residirte in Bozen † 712.
Hugibert, Theodoberts Sohn † 737.
Odilo, † 748.
Tassilo II. 788 von Karl d. Gr. entsetzt.

II. Die Karolinger von 788—911.

Karl der Große † 814.
Ludwig I. der Fromme, von 814 - 840.
    Unter ihm regierte sein ältester Sohn
Lothar von 814—817; dann
Ludwig II., später der Deutsche genannt, Ludwig des Frommen dritter Sohn von 817—840 unter dem Vater, bis 876 selbstständig.
Karlmann, † 880,   } Söhne Ludwig
Ludwig III., † 882,   } des
Karl der Dicke, abgesetzt 887, } Deutschen.

Arnulf I., ein Sohn Karlmanns, † 899.
Ludwig IV. starb 911 kinderlos.

III. Herzoge aus verschiedenen Häusern von 911—1180.

Arnulf II., Sohn des bayerischen Markgrafen Luitpold, † 937.
Eberhard, Arnulfs Sohn, entsetzt 938.
Berthold, Arnulfs Bruder, † 937.

} Aus dem Geschlechte der Schyren, später Wittelsbacher.

Heinrich I., ein Sachse, † 955.
Heinrich II., dessen Sohn, abgesetzt 976.
Otto I. aus Schwaben, † 982.
Heinrich III., ein Sohn des Schyren Berthold, abgetreten 985.
Abermals Heinrich II., † 995.
Heinrich IV., Sohn Heinrich II., regierte bis 1004.
(Wurde 1002 Kaiser als Heinrich II., der Heilige.)
Heinrich V. von Luxemburg, † 1026.
(In der Zwischenzeit von 1008 bis 1017 entsetzt, regierte wieder Heinrich IV.)
Heinrich VI., Sohn des deutschen Königs Konrad II. aus dem fränkisch-salischen Hause. Zum Kaiser gewählt, vergab er Bayern 1040 an
Heinrich VII., Neffen Heinrich V. von Luxemburg, † 1047.
Der Thron des Herzogthumes Bayern blieb 2 Jahre unbesetzt.
Konrad I. von Zütphen, entsetzt 1053.

Heinrich VIII., Sohn Heinrich VI., tritt ab 1056.
Konrad II., Bruder des Vorigen, † 1056.
Agnes, Heinrich VIII. und Konrad II. Mutter, tritt ab 1061.
Otto II. von Nordheim, entsetzt 1070.
Welf I., † 1101.
Welf II., Sohn des Vorigen, † 1120 kinderlos. } Herzoge aus dem Estenisch-Welfischen Hause.
Heinrich IX., des Vorigen Bruder, tritt ab 1126.
Heinrich X. der Stolze, Sohn Heinrich IX., † 1139.
Leopold, Markgraf von Oesterreich, † 1141.
Heinrich XI., Jasomirgott, Bruder des Vorigen, tritt ab 1156.
Heinrich XII., der Löwe, Sohn Heinrich des Stolzen, entsetzt 1179.

IV. Die Wittelsbacher.

Otto der Große, † 1183.
Ludwig der Kelheimer, † 1231.
Otto der Erlauchte, † 1253.
Ludwig der Strenge und Heinrich XIII. regierten gemeinschaftlich bis 1255; nun erfolgte eine Theilung des Landes.

Herzoge in Oberbayern.

Ludwig der Strenge, † 1294.
Rudolph I. entsagte der Regierung 1319.
Ludwig der Bayer regierte von 1301 mit dem

Bruder Rudolph gemeinschaftlich, dann allein bis er 1347 starb.

(Herzoge in Niederbayern.

<u>Heinrich I., in Oberbayern XIII.</u>, † 1290.
Otto I., Ludwig und Stephan I.
† 1312.   † 1297.   † 1310.
Heinrich der Jüngere, † 1333; Otto II., † 1333 und Heinrich der Aeltere, † 1339.
Johann I., † 1340.

Wiedervereinigung mit Oberbayern.)

<u>Die sechs Söhne Ludwig des Bayer regieren gemeinschaftlich bis 1349.</u> Abermal erfolgte Theilung des Landes.

Herzoge in Oberbayern.

<u>Ludwig der Brandenburger mit zwei Brüdern bis 1351, dann allein bis † 1361.</u>
Mainhard, † 1363.
Stephan mit der Hafte, † 1375.
Stephan II., Friedrich und Johann I. bis 1392, dann Johann allein bis † 1397.
Ernst und Wilhelm III. bis 1435, dann Ernst allein bis † 1438.
Albert der Fromme, † 1460.
Johann II. und Sigmund bis 1463; dann
Sigmund und Albert der Weise bis 1467; endlich
Albert der Weise allein bis † 1508.

(Herzoge in Bayern-Landshut.

Stephan mit der Hafte mit zwei Brüdern von 1349 bis 1353; dann allein bis † 1375.
Stephan III. in Bayern-München II. Friedrich und Johann bis 1392; dann Friedrich allein bis † 1393.
Heinrich der Reiche, † 1450.
Ludwig der Reiche, † 1479.
Georg der Reiche, † 1503.
Wiedervereinigung mit Oberbayern.)

(Herzoge in Bayern-Ingolstadt.

Stephan III. von 1392 bis † 1413.
Ludwig der Gebartete bis 1443.
Ludwig der Höckerichte, † 1445.
Vereinigung mit Bayern-Landshut.)

(Herzoge von Bayern-Straubing.

Wilhelm I. und Albert gemeinschaftlich von 1353—1358; dann letzterer allein bis † 1404.
Wilhelm II., † 1417.
Johann † 1425.
Bayern-Straubing wurde nach den vier Häuptern unter die bayerischen Herzoge vertheilt 1429.)

Bayerns Fürsten nach Einführung des Rechtes der Erstgeburt.

Wilhelm IV. der Standhafte, † 1550.
Albert V. der Großmüthige, † 1579.
Wilhelm V. der Fromme tritt ab 1598.

Maximilian I., Kurfürst, † 1651.
Ferdinand Maria, † 1679.
Max Emanuel, † 1726.
Karl Albert (als Kaiser VII.), † 1745.
Max Joseph III., † 1777.
   (Ende der Ludwigschen Linie.)
Karl Theodor aus der Pfalz-Sulzbachschen Linie, Nachkomme Rudolphs, Bruder Ludwig des Bayer, † 1799.
Maximilian Joseph, Herzog von Zweibrücken. Wurde König 1806 und † 1825.
Ludwig I. übergab die Regierung 1848 seinem Sohne

Max II.

unserm gegenwärtig regierenden König.